# はじめに

時代は、昭和から平成、令和へと替わってきました。時代の変遷とともに、生活や文化も変わりつつあり、過去の多くのものが人々の記憶の中から消え去ろうとしています。そんな中で忘れられないものもあります。「人の一生」で言えば成人になる前の躍動感あふれる時期であり、「時代」で言えば昭和 30 年代前後の時代です。とりわけ、高度成長に向かい始めた昭和 30 年代は、多くの人々に高揚感をもたらし、忘れられない人も多いと思います。

私たちは「渥美半島の昭和を記す会」として集まりました。主に昭和 29 年生まれ前後の者たちです。会のメンバーにとって、昭和 30 年代は小学生から中学生の多感な時期でした。世間では、「もはや戦後ではない」と言われ、これまで裸電灯と真空管ラジオしかなかった家庭生活の中に、白黒テレビや洗濯機などの電化製品が急速に入り込んできました。イモと麦の農業から商品作物に転換し、牛車と牛耕から耕耘機やトラクター・トラックが普及するなど農業の機械化も始まっていました。そして昭和 43 年の豊川用水の通水を契機に、渥美半島の農業は飛躍的に発展しました。

今その時代にあった様々なものが忘れ去られつつあります。

戦争前後の書籍や文献は多く残されているものの、昭和 30 年代前後のものは少なく、渥美半島の生活や文化について語られたものは限られています。私たちは「昭和の原風景」とでも言うべき高揚感あふれた時代を何とか形に残しておきたいと願いました。

田原市内全校区のメンバーの一人一人にそれぞれの思い出を書いていただき、昭和 30 年代を中心に当時の生活を記した手記として集録させていただきました。このような活動の中から当時の渥美半島の歴史とくらしがより鮮明に蘇るのではないかと期待しました。また、手記を書いたり読んだりする中で、渥美半島の風俗や歴史に目を向ける人が増えることも願いました。

こうした私たちのささやかな取組みが、田原市内のみならず東三河地域や各世代に広がり、地域文化の発展に寄与することができたのならば、これ以上の幸せはないと考えます。

2022 年 8 月

渥美半島の昭和を記す会

代表 小川 悟

| | | | |
|---|---|---|---|
| はじめに | | | 1 |
| もくじ | | | 2 |
| 渥美郡のあゆみ・田原市全図 | | | 4 |
| 農村（六連）の思い出 | 六連 | 藤井　正剛（昭和29年生） | 6 |
| 私の家は瓦屋さん | 六連 | 中村恵美子（昭和29年生） | 8 |
| 子供時代の原風景 | 神戸 | 仲井　通泰（昭和29年生） | 9 |
| ワタシの昭和 | 神戸 | 山本　栄子（昭和29年生） | 10 |
| 「川岸」 | 神戸 | 江口　明美（昭和29年生） | 12 |
| ほうべと牛車が行き交った農道 | 神戸 | 藤城　信幸（昭和29年生） | 13 |
| 田原町立神戸小学校の木造校舎 | 神戸 | 藤城　信幸（昭和29年生） | 14 |
| 農家（南神戸）のくらし | 神戸 | 藤城　信幸（昭和29年生） | 15 |
| 子供のころの懐かしい味 | 大草 | 河合　睦美（昭和18年生） | 17 |
| 学校生活の思い出 | 大草 | 河合　睦美（昭和18年生） | 18 |
| 共同の苗代 | 大草 | 河合　睦美（昭和18年生） | 19 |
| あの頃あの時、小昔の話 | 大草 | 横田　弘道（昭和18年生） | 20 |
| 私の「水の歌」 | 大草 | 藤原　喜郎（昭和29年生） | 21 |
| 思い出に残る風景 | 大草 | 大塚富士子（昭和29年生） | 22 |
| 「団塊の世代」と呼ばれて | 東部 | 彦坂　久伸（昭和23年生） | 23 |
| 台風の思い出 | 東部 | 彦坂　久伸（昭和23年生） | 24 |
| 田舎はいいね | 東部 | 小川　一成（昭和29年生） | 25 |
| ドローンに思う | 東部 | 川口　昌宏（昭和29年生） | 26 |
| 子供の頃の遊びと学校生活 | 南部 | 鈴木　公恵（昭和29年生） | 27 |
| ヤマモモ（楊梅）の熟する頃 | 童浦 | 小林　一弘（昭和22年生） | 28 |
| トロンボと鰻 | 童浦 | 鈴木　利雄（昭和22年生） | 29 |
| 桶と箍（たが） | 童浦 | 鈴木　利雄（昭和22年生） | 30 |
| 寒かった子供の頃 | 童浦 | 鈴木　利雄（昭和22年生） | 32 |
| セピア色の記憶 | 中部 | 鈴木　徹　（昭和23年生） | 34 |
| 貧しくてもタフな思い出 | 中部 | 小原　敏英（昭和29年生） | 36 |
| 「昭和」思い出のひとこま | 中部 | 南屋巳枝子（昭和29年生） | 37 |
| 記憶に残る町並み、遊び | 中部 | 夏目　春代（昭和29年生） | 39 |
| 「8人家族の生活」が私の人生の基盤 | 衣笠 | 近藤　博子（昭和29年生） | 41 |
| 墓参り | 野田 | 山田　政俊（昭和19年生） | 42 |
| 楽しい思い出がいっぱい | 野田 | 河辺　秀嗣（昭和26年生） | 43 |
| 浜辺の思い出 | 野田 | 鋤柄　高継（昭和29年生） | 44 |
| 高松での幼少期の記憶に残る出来事 | 高松 | 本田　泰敏（昭和25年生） | 45 |
| 歩いてきた時代のサブカルチャー | 高松 | 大羽　清隆（昭和29年生） | 47 |
| その頃の高松 | 高松 | 福井　恒芳（昭和29年生） | 48 |
| 赤羽根あれこれ | 赤羽根 | 鈴木　孝久（昭和29年生） | 50 |
| 暖かい気候とお花畑 | 若戸 | 伊藤　博文（昭和23年生） | 51 |
| メジロ捕り | 若戸 | 伊藤　博文（昭和23年生） | 53 |
| 大きな背中に包まれて | 亀山 | 本田　雅彦（昭和29年生） | 55 |
| サツマイモの集荷場 | 中山 | 三竹　清一（昭和29年生） | 56 |
| 清水の遊び場 | 中山 | 三竹　清一（昭和29年生） | 57 |

川遊びとパチンコ　中山　三竹　清一（昭和29年生）…………… 58
天白橋を渡るとき　中山　小川　雅魚（昭和26年生）…………… 60
出張りで鳴いた『かあか』　中山　小川　悟　（昭和29年生）…………… 61
射場跡で遊ぶ　中山　小川　悟　（昭和29年生）…………… 62
共同洗濯場からのおくりもの　中山　伊藤みさ枝（昭和29年生）…………… 63
賑やかで華やかな町「福江」　福江　天野　明子（昭和20年生）…………… 64
福江の街の中心地で　福江　鈴木　吉春（昭和29年生）…………… 65
幼い頃を思い起こして　清田　山田　敦子（昭和29年生）…………… 67
子供のころの思い出　泉　山本　茂子（昭和24年生）…………… 69
故郷「石神と石神観音」　泉　伊藤　尋思（昭和25年生）…………… 71
夏休みの海での遊び　和地　石川　祐子（昭和29年生）…………… 72
磯の恵み　和地　石川　祐子（昭和29年生）…………… 74
汽車ポッポで　和地　石川　祐子（昭和29年生）…………… 75
豊饒の海に集う　和地　河合　京子（昭和29年生）…………… 76
堀切海岸今昔物語　堀切　高瀬　長男（昭和25年生）…………… 77
伊良湖の風景と思い出　伊良湖　小久保健一（昭和25年生）…………… 78
待ち遠しかった「おんぞさん」　伊良湖　小久保健一（昭和25年生）…………… 79
おわりに　………………………………………………………… 80

**昭和 30 年代後半の福江港の客船**（田原市博物館提供）

福江港は、豊橋、蒲郡、亀崎、熱田、鳥羽と定期船で結ばれ、
昭和 29 年には約２万人が定期船を利用していた。

| 昭和 | 渥 美 郡 の あ ゆ み （1945～1968 年） |
|---|---|
| 20 年 | 三河地震が発生<br>太平洋戦争の終戦 |
| 21 年 | 西山地区の開墾が始まる（当初の入植 101 戸） |
| 22 年 | 日本国憲法が施行<br>6.3.3 制教育の実施、中学校の設立、学校給食が始まる |
| 23 年 | 保育園の設置が始まる　　堀切地区で電照菊栽培が始まる<br>成章中学校（５か年修業）が愛知県立成章高等学校になる<br>福江女子実業学校が福江高等学校になる |
| 24 年 | 農林省が豊川用水事業に着手（宇連ダム建設工事に着工） |
| 25 年 | 朝鮮戦争が勃発　サトウキビ栽培がピークに |
| 26 年 | サンフランシスコ平和条約、日米安全保障条約を調印<br>愛知県立渥美農業高等学校が開校する |
| 27 年 | 高松一色地区で畑地灌漑事業を実施（～30 年） |
| 28 年 | 13 号台風が襲来<br>表浜の地引網が不振になる<br>赤羽根漁港整備工事に着手<br>石門－骨山－恋路ヶ浜－伊良湖港の観光道路が開通 |
| 29 年 | サツマイモでんぷん製造、マオラン製造が活況 |
| 30 年 | 田原町・神戸村・野田村が合併し新田原町が誕生する<br>福江町・伊良湖岬村・泉村が合併し渥美町が誕生する<br>高度経済成長期に入る　神武景気 |
| 31 年 | 経済白書「もはや戦後ではないと」と規定　国連に加盟<br>農林省の伊良湖開拓事業（西山開拓）が完了 |
| 32 年 | ソ連人工衛星打ち上げ成功 |
| 33 年 | 赤羽根村が赤羽根町になる<br>動力耕耘機が普及し始める<br>テレビ受像機を持つ家庭が増えてきた　「月光仮面」放映 |
| 34 年 | 伊勢湾台風が来襲<br>週刊少年マガジン、週刊少年サンデーが創刊 |
| 35 年 | 白谷トンネルが開通 |
| 36 年 | 渥美フラワーセンターが開園<br>六連久美原でプリンスメロンを導入 |
| 37 年 | 東部中学校が開校（神戸中学校・同六連分校廃止）<br>第１次農業構造改善事業の開始 |
| 38 年 | 白木屋スーパーマーケットが開店<br>蔵王山吉胡側観光道路が完成　　伊良湖港が完成 |
| 39 年 | 名神高速道路が開通、東海道新幹線が開業、東京オリンピック大会の開催<br>蔵王山展望台が完成　伊良湖－鳥羽間フェリーボートの就航<br>渥美たくあんが活況 |

| | |
|---|---|
| 40年 | 伊良湖海水浴場がオープン |
| 41年 | カラーテレビ、カー、クーラーが新三種（３Ｃ）の神器となる<br>集中豪雨が発生し大きな被害が出る |
| 42年 | 田原湾埋立工事の起工式 |
| 43年 | 田原北部小学校と田原西部小学校が統合し童浦小学校となる<br>豊川用水が完成し全面通水　　東名高速道路が開通<br>伊良湖ビューホテルがオープン |

**田原市全図**

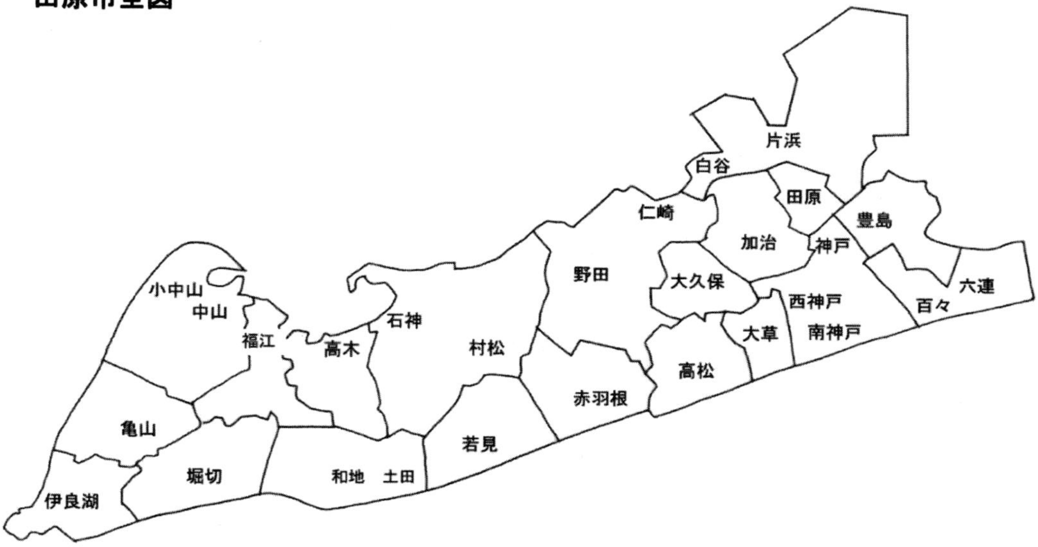


**昭和30年代前半**
**赤羽根海岸における**
**地引網**
(田原市博物館提供)

## 農村（六連）の思い出

藤井　正剛（六連町・昭和 29 年生）

### 農耕牛からトラクターへ

実家は農家で、当時の主な作物は、夏はサツマイモ、冬は小麦の栽培。米については、表浜地区は高台で水田はなく、内海側の豊島、谷熊地区で耕作していた。

当時の移動手段は牛車で、のんびり一日かけて弁当持ちで出かけ、農作業の戦力にならない私は、遠足気分で付いて行ったことが思い出される。

その農耕用の黒牛について、幼い時の記憶として残っているのが、近所の広場での削蹄作業で、何頭もの牛が順番待ちをしていたことである。削蹄師の素早い作業を飽きもせず見入っていたことを周りの風景とともに何故か覚えている。

当時の牛は、牛車での運搬、畑の鋤起こし、田んぼの代掻き作業、糞はたい肥に使われ、農業の主役であった。

牛の世話（餌やり）は子供たちの仕事で、兄は藁を刻む飼葉づくり、私は米のとぎ汁等を飼葉桶に入れる役だった。

その後、農業も機械化になり、耕耘機が普及。我が家にも昭和 37 年頃に小型のトラクターが入り、農作業用としての牛の役目は終わった。しかし、その後２年ほど、家に牛は住み続けていた。続けて世話をしていたが、ある日、学校から帰ったら牛がいなくなっており、何ともいえぬ寂しさを感じたことを覚えている。

### 作物の変遷

昭和 30 年代の後半になると、畑の夏作物は、サツマイモからスイカに替わっていった。自宅前が出荷場で、百々地区のスイカ出荷組合（正式かどうか不明）が運送会社の大型トラックを手配し、共同出荷をしていた。出荷するスイカは、役員が事前に各畑を回り、出荷に適したものにスタンプを押す。それを探すのが子供の手伝いだった。

後になると出荷は、農家が自家用のトラックを持つようになり、各自で運搬していた。我が家は名古屋、四日市方面で、荷の積み下ろしの手伝い（岡崎のドライブインでの食事を楽しみに）で同乗したものだった。

その後、豊川用水通水後の 40 年代にはプリンスメロン栽培が主流に移っていった。

冬作は、麦からたくあん用のダイコンの栽培に移った。

収穫（当初は水洗いをした）、はざ掛け、漬け込み（地下タンクや大桶）、出荷と一連の作業は夏まであった。特に出荷はタンクの中に入るため、ヌカまみれになり、いやな作業だった。

### 遊び場だった表浜（百々海岸）

小学生当時の遊び場は、近所の野山と海岸で、特に海岸は地引き網がまだ細々

（２枚の写真は田原農業改良普及課提供）

と残っていたこともあり、身近な遊び場だった。

当時の百々海岸は、ほうべの崖も高く見晴らしがよく、西側の崖の上にランドマーク的な一本松があり、下から恐る恐る崖を登ったことを覚えている。

砂浜については、今のように海岸侵食が進んでおらず、浜は広く海まで距離があり、夏は砂が熱く、足の裏が火傷しそうで波打ち際まで走って行った。また、当時は、崖に沿って高さ 20m？程の砂山ができており、板ぺらを拾ってきてサンドスキーを皆でした楽しい思い出の場所でもある。喉が渇くと、海岸入り口の井戸（現在も海岸のトイレ、足洗用として活用）や細々と清水の出ているところで、喉の渇きをいやした。

以前とは激変した表浜海岸だが、地元でも活動を行っているように海岸侵食対策とともに、皆さんが集える場として、自然を後世の人々に残してもらいたい。

現在の六連町百々海岸

## 私の家は瓦屋さん

**中村恵美子（六連町・昭和 29 年生）**

私が生まれた家は、父母、祖母、叔父、住み込みの職人さん２人の６人で、昭和36 年頃まで瓦製造業を営んでいた。

家の裏に粘土が採れる山があり、近所の手伝いの人に頼んで掘り上げた粘土が作業場の中にたくさん積み上げてあった。粘土を練って、ベルトコンベヤーで流し、型で抜いていたと思う。鬼瓦はコテや小刀を使って細工をしていた。天気を見ながら、庭に干して乾燥させた。干す前に、下に石があると瓦が傷ついてしまうので、みんなで手で拾ったり、ほうきではいたりした。倉庫の中には、たくさんの薪が積んであり、瓦を焼くお窯が２つあった。昼夜続けて火を燃やし、しばらく休ませて冷やすと、黒光りする瓦ができた。その時に炭もできるが、その炭を近所の人が買いに来ていた。焼きあがった瓦は、三輪トラックで新築するところに運んだ。道の状態が悪かったので、脱輪したりぬかるみですべったりして車が動かなくなることもあった。そんな時には、むしろや幅の広い板切れをタイヤの下に敷き、みんなで力を合わせて押して出していた。

瓦製造業をやめたあと、父と母は瓦を買って専門の職人さんと瓦を葺く仕事をしていた。

畑では、スイカ、プリンスメロン、さつまいも、小麦を作っていた。弟と甘くないスイカを絞って、ジュースを作って遊んだ。生ぬるくて、おいしくなかった。甘くないプリンスメロンは、半分に切って種を出し、蜂蜜を入れてもらってスプーンを使って食べた。昭和 11 年生まれの叔父が、19 歳のときから亡くなる 84 歳まで養蜂業をしていたので、蜂蜜はたくさん食べた。蜂蜜が食べられること以上にうれしかったのは、溶かして蜂の餌にするために、一斗缶で買ってある水あめを割りばしで練って、練飴にしてくれたことである。とてもおいしかった。

まだ寒い春先に、麦踏みをした覚えがある。収穫した小麦は、田原の町のこんにゃく屋さんへ持っていき、そうめんに換えてもらったそうだ。

さつまいもは、でんぷん工場に運んだ。小学校のプールのようなところに、どんどん運び込まれていた。そのでんぷん滓（かす）を各家で数頭飼っている豚の餌にしていたと聞いた。

家の裏の川には、ザリガニ、鮒、どじょうがいて、タケミやタモを持っていき、つかまえた。３歳下の弟と一緒に野山で遊ぶのが楽しく、大好きだった。

思い出に浮かぶのは、豊かな自然に囲まれた我が家と楽しい家族のことだ。

## 子供時代の原風景

**仲井 通泰（西神戸町・昭和29年生）**

ふとした時に子供時代の経験が湧き出るように蘇る時がある。野山での遊び、木の実採り、虫や魚を捕まえた記憶や感覚は、高齢になった今でも自然を感じる貴重なセンサーとなっている。五感を使っての体験は、理屈抜きの記憶だからだろうか？

泥の感触、生き物に触れた時の温かみ、花の香り、雨の匂い、ヤマモモ・桑の実・グミの甘酸っぱさ、花の蜜、鳥の声、風の音、川の流れの音、水の冷たさ、ドジョウやオタマジャクシのぬるぬる感、空一面の夕焼け、一番星、木の葉の音、等々とにかく沢山のいろんな感覚。

汐川は夏の格好の遊び場。タモで鮒をすくい、ミミズを餌に魚釣りなど、時間を忘れて遊んだものである。川面からの目線は魚や鳥の気持ちに近づいた気がした。また、夏の早朝はカブトムシやクワガタを捕まえる絶好の時間、朝食を食べる前には虫捕りに出かけていた。

秋から冬にかけても遊びのネタはつきなかった。野山に実るアケビ（ウビ）は格好のスイーツであり、南京袋を持ってほうべまで遠征もした。まだ青くて固い物まで採り、もみ殻の中に入れて追熟させてから食べたものである。アケビを採るには木登りが必須であり、枝が折れて落下したことは一度や二度ではない。梅雨前のヤマモモから始まり桑の実・アケビ・グミなど、春から冬にかけて子供の貴重なおやつであった。

友達の家に遊びに行って、近くの草原で遊んでいた時、突然視界から景色が消え地中に落下した経験がある。いわゆる芋の穴に落ちたのであった。穴の形はフラスコ状になっており、独力で登って脱出する事が出来なかった。穴の外から自分を探す友達の声が聞こえている。大声で「ここだー！穴に落ちた！」と叫ぶと、「落ちたのか？」と数人の顔がのぞき込んでいる。助かったという安堵感と大人がはしごを持ってきてくれるまでの時間がやけに長かったことを覚えている。そんなこんなでいつも暗くなるまで外で遊んでいた（家に帰ってもテレビも玩具もなかった）。木の枝が覆いかぶさって真っ暗になった道を一目散に駆けて家に帰ったものである。今の子供たちの中で、暗くなるまで外で遊びつくす経験をしてる子は、どれくらいいるんだろうかと思う。

親から子へ子から孫へとＤＮＡを引き継ぎながら生物は存続と進化を続けていく。このような原風景（体験）も経験値のＤＮＡとして次世代に引き継がれていく事になるのだろうか？

**鈴木政一氏撮影**

## ワタシの昭和

山本　栄子（西神戸町・昭和29年生）

小学校前の記憶で鮮明なのは、５月の田植えの様子。

田植えはお天気の様子をみて、１日か２日で終えていた。父は納屋の畑の前で育てていた苗を、小さな束にして木箱に用意していた。私たち子供も、田植えのお手伝いをお願いしているおばさんたちも一緒に、近くの田んぼに大きな牛の牛車で向かった。牛車の乗り心地は春風を受けて気持ちよかった。

母は朝早くから、お昼ご飯用にお櫃（ひつ）いっぱいのご飯を用意し、大きなヤカンに麦茶をたっぷりと用意した。ゴザを広げて皆で食べるお昼ご飯と煮豆と沢庵漬けは最高に美味しかった。

田植えは子供たちも手伝った。疲れたけど、結構楽しかった。

中休みになると、子供たちは小川を堰き止めてドジョウとか鮒とかを捕まえていた。近くには汐川が流れていて、土管の中や岩の下にいる小さな魚や川ガニを探して遊んだ。私の７つ上の兄の頃は、汐川の水量も豊富で志田橋の下の汐川でよく泳いだと、聞いた。

次は伊勢湾台風。昭和34年の東海地区最大の台風である。５才だった私にも断片的な記憶が残っている。

その前日は、朝から不気味な小さな音で海鳴りが聞こえた。家は海岸から直線でたぶん２kmちょっと。初めて家でゴーっという、なんとも不気味な海鳴りを聞いた。夕方になると、雨戸を閉め、玄関には今まで見たこともないほど頑丈に戸板を立てて、強風と大雨に備えた。

停電になり、真っ暗な中で蝋燭が頼りの一晩だった。夜中には強い風の音で時々目が覚めた。

家は川から離れていたし、坂を上がった所にあったので、水害はなかった。しかし、暴風域に入り、裏の林の結構大きな松とか杉の木が何本か折れていた。

台風の翌日、川岸の叔父の家が汐川の決壊で床上浸水の被害にあったと連絡があった。暫く後に叔父の家に行ったら、一階は１ｍ以上の所まで水に浸かった跡が残っていた。保育園児の私にも記憶に残る大きな台風だった。

そして、昭和レトロな子供の頃の自宅

の様子。台所の土間におくどが２つあって(ご飯を炊くのとお菜を作るのと)薪を焚いて、食事の用意をしていた。

お風呂は五右衛門風呂。裏の林から集めてきた乾燥した杉の葉や小枝で火を起こし、お風呂を沸かす手伝いを時々した。お風呂の洗い場はタイルだった。お風呂場のガラス戸を開けると、手回しの絞り機の付いた２層式の洗濯機があった。洗濯機の絞り機を回す手伝いは面白かった。その頃は井戸もあり、水を汲んで西瓜とか夏野菜を冷やしていた。

夏の夜は蚊取り線香と蚊帳（かや）は必須アイテム。小学校生くらいになると子供たちで蚊帳を吊って寝た。蚊を入れずに蚊帳に入るには技も要った。

６月に入ると、玄関の網戸の辺りにゲンジボタルも綺麗な緑の光を放ちやって来た。

夏休みの頃になると、庭に大きな縁台を出し夕涼みをしながら、寝っ転がって満天の星空に浮かぶ美しい天の川を眺めていた。

志田の秋祭りは少しだけど出店も出て、子供たちも晴れ着の振袖を着て神社に向かった。神社の餅投げも賑やかで楽しみ

だった。

冬の暖は火鉢とヤグラ炬燵（こたつ）の電気炬燵。今のとは違って上の電気の付いてる所に触ると熱くてたまらなかった。田原も今よりも雪が降って寒かった。

お正月前には、おくどで餅米を蒸し、石臼で沢山のお餅をついた。旧正月辺りには、赤や緑の食紅を入れたあられ用のお餅もついた。これを煎っておやつに食べた。素朴な味わいで大好きだった。

四季をゆっくりと過ごしていたと感じた昭和 30 年代であった。

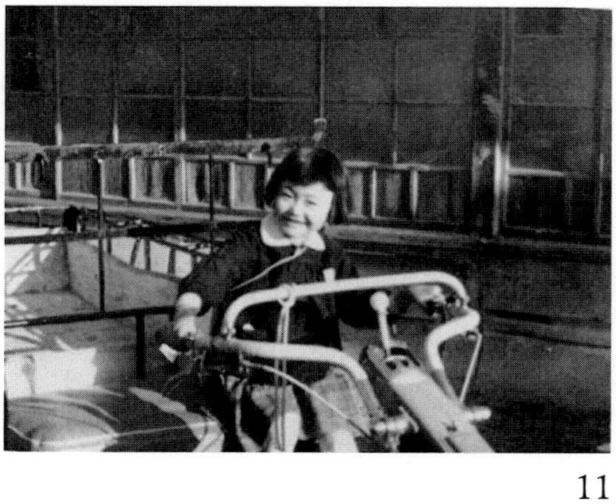

## 「川岸」

**江口　明美（神戸町・昭和29年生）**

今はあまり耳にしないであろう地名「川岸」は、私が生まれ育った大好きな所である。

昭和30年代、決して裕福な時代ではなかったが、日常生活のひとこまひとこまがよき思い出となっている。小学校時代、毎月、二七日の市が船倉橋を渡った萱町の広場で開かれた。その日が運よく日曜日に重なると、私は嬉しくて祖母と市に向かった。色々な店が所狭しと並び、活気に溢れていた。私は大好きな団子をほおばりながら市を闊歩していたが、自分と同世代の子供が店番をしている姿もそこにあった。

次の思い出は川岸のお祭りである。神社で餅投げがあり、いくつ拾ったか友達と競ったものだ。山車（だし）や仮装行列が出た年もあった。そして、何と言っても年に一度髪を結い、着物を着ることができた日だ。女子としては最高の日であるが、色気より食い気の私は、普段食べることができない寿司を思う存分食べた。母が作るいなり寿司は絶品であった。そして、何よりも川岸の自慢は、商店が立ち並んでいたことだ。我が家の前は八百屋、隣は菓子屋、斜め向かいは電気屋と生活必需品がほぼ揃っていたのだ。ちなみに我が家は味噌屋であった。そんな便利な川岸であるが、一歩裏へ回ると一面田んぼであった。稲作の時期は、夜父と一緒に田んぼの水を確認に行った。その頃は、蛍が飛び交っていた。

その一面の田んぼが海になったのは、６年生の10月12日に起きた集中豪雨である。その日は一日中止むことなく雨が降り続いた。夕方、サワガニが何匹か家に入って来た。大水害の予兆であったかもしれない。夕飯を終えてテレビを見ていると「水だ。」と父の大きな声がした。２年生の時も床下浸水を経験している私達は、すぐにカバン、洋服等大事な物を次々と二階に運んだ。水はまだ足首ほどであったが、騒ぎに腰を抜かした愛犬を三姉妹で笑いながら二階へ上げた。時間と共に水位は増していったが、それでも父は物を運び続けた。その時、ガシャーンという凄まじい音と共に、裏戸から濁流が流れ込んできた。「お父ちゃん早く来て。」私達は胸まで水に浸かっている父に叫んだ。数分前までの笑いは恐怖に変わった。どんどん増え続ける水に震え怯えたが、二階の屋根に登って何とか助かりたいと子供心に思った。階段をあと一段残して水の勢いは止まった。私は二階の裏の窓を恐る恐る開けた。今までに見たことのない泥水の大海であった。裏の家で飼っていた豚が何匹か木によじ登っていた。信じ難い光景であった。一夜明けて昼ごろに水は引いたが、辺り一面無残な姿であった。給水車の水を運んだり、配給物資を運んだりして一日は終わった。

二階での生活がどれだけ続いたか記憶にないが、親戚や多くの人々のお陰で家の片づけは進められた。決壊した汐川は立派に整備されたが、55年経った今でもあの日の出来事は鮮明に覚えている。

## ほうべと牛車が行き交った農道

藤城　信幸（南神戸町・昭和 29 年生）

足がすくむような高さ45mもの断崖絶壁。真下には砂浜が見え、水平線まで続く大海原。この雄大な景色が、本前（現在の南神戸町）のほうべ（海崖の上）から初めて見た表浜だった。おそらく３歳前後のできごとであろう。むき出しの急崖に刻まれた細い急坂を一気に下らなければ砂浜には行けない。道幅は１mほど。足を踏み外せば真っ逆さまだ。しゃがむようにしてやっとの思いで砂浜まで下りた。

砂浜に下りる手前に煮干しの加工場があった。はそり（大鍋）で煮たイワシは、スノコに広げ、谷あいの広場で天日干しされていた。小さなタコも混じっていて、時々失敬してつまみ食いすることも。

本前海岸では昭和 30 年代前半まで地引き網が行われ、半農半漁の村だった。有志が所有する木造機械船もあり、「有志の道」は谷の奥にあり、幾重にも曲がったつづら折れの道だった。浜でとれた魚はこの２本の急坂を担ぎ上げなければならず、主婦たちの駄賃稼ぎになっていた。

崖の上には、燃料の入ったドラム缶や焚き物用の割木が積まれていた。崖の上から下まで鉄線が張られていた。割木を束ねた針金にＳ字の金具を引っかけて放すと、火花を散らしながら勢いよく滑っていき、下で割木がばらばらに飛び散る。

くず鉄などは、巡回しているボロ屋（回収業者）が買い取っていた。ある日、網小屋にあった子供の背丈ほどもあるバールをこっそりと持ち出し、ボロ屋に売ってしまった。後日バールの盗難が問題になっていたことを知って慌てたが、現在までこの犯人は捕まっていない。

昭和 35 年頃の南神戸海岸

門長屋の通り抜けに牛車があり、農作業には牛車を引かせて出かけた。牛車の左右の車輪と牛が通った中央部は草が生えず、農道には２列の草の細長い帯がレールのようにどこまでも続いていた。草の列の真ん中には焼け焦げたシュークリームのような牛糞が等間隔で点々と落ちていることもあった。当時はどの道路も未舗装であった。

冬には麦畑が広がり、夏にはサツマイモ畑に替わった。とれたサツマイモは牛車にのせて、赤松（西神戸町）にあったデンプン工場へ運ばれた。帰りにはデンプン滓（かす）を積んで、地面を掘ったサイロに入れて豚のエサにしていた。

神戸保育園では昼食用に各家庭からの野菜の供出があった。飯だけを詰めた弁当箱と出席帳を小さなバックに入れ、紐のついたハンカチを下げて、片道２㎞を通った。弁当箱を開くと、丸く押しつぶされ黒い筋の入った大麦の押し麦が米の中に混ぜられていた。

## 田原町立神戸小学校の木造校舎

**藤城　信幸（南神戸町・昭和29年生）**

自分の誕生日は、昭和29年5月。翌30年1月に田原町と神戸村、野田村が合併して新田原町が誕生。となれば、旧神戸村の旧本前で生まれたことになる。

昭和36年4月から42年3月まで、2kmの道程を田原町立神戸小学校へ6年間歩いて通った。下校時は勝手気ままに選んだルートを道草しながら家に帰った。

本前の出荷場から田原のまちを結ぶ豊鉄バスも走っていた。運転手と笛を持ち黒い鞄を前に提げた女性の車掌が乗っていた。ボンネットバスにはオレンジ色の腕木式方向指示器が付いていて、曲がる時にはパカパカと動いて知らせていた。

神戸小学校には入学の前年に完成した鉄筋コンクリートの校舎があった。しかし、4年生だけが古い木造校舎に入ることになっていた。木造校舎は、南校舎には4年生2教室、職員室・校長室・理科室が並んでいた。南校舎の前にはプラタナスが一列に並んでいた。入学式や卒業式、学芸会には、4年生2教室の仕切りを取って式場になった。学芸会当日、リコーダーを家に忘れてきて、合唱から合奏に変わる瞬間、友だちの影に隠れてやり過ごしたことだけは鮮明に記憶している。

南校舎と図工室・音楽室があった北校舎は東西2つの廊下で結ばれていた。西側の廊下には学用品を売る購買があった。学校にテレビカメラが入ると、スタジオに替わった。放送委員だけがカメラをいじることができた。毎日9時の気温と湿度を測りロール状に巻いた用紙にグラフ化していた。西側にはハト池と呼ばれた池水があり、石造りの大きなカエルが鎮座していた。東側の廊下から中庭に入ると小さなガラス温室と小鳥小屋があった。廊下の突き当たりには汲み取り式の便所があった。

神戸小学校はプール兼防火用水があり、オフシーズンには給食の残飯で錦鯉が飼われていた。プール掃除の時に牧野金魚屋が買い取りに来ていた。

鉄筋校舎の裏には、用務員さんの家と家庭科室があった。家庭科室にはカーテン付きの観音開きの白黒テレビが1台あり、正座して視聴した。

給食を食べ終わった後の食器はパンできちんと拭き取り、ぴかぴかにして返すように躾けられていた。給食教育の研究指定校だったのだろう。東部中学校に入学すると、他校は誰もやっていなくて、神戸小学校で身につけたその美しい習慣は4月には失われた。

入学の前年まで神戸中学校があり、その跡地に町営の住宅が建てられた。したがって、私たち同級生は、東部中学校第9回卒業生となる。

昭和40年頃の神戸小学校

## 農家（南神戸）のくらし

**藤城　信幸（南神戸町・昭和 29 年生）**

昭和 29 年５月に旧本前の実家で産婆さんの手により生まれた。父が自転車で漆田まで産婆さんを迎えに行き、自転車の後ろに乗せて連れてきたということだ。

実家の屋号は「マルヨ」。当時はどこの家も「カネ六」、「カク八」、「マル三」などと屋号で呼び合っていた。

昭和 26 年に新道（現在の国道 42 号）沿いに屋敷を移転し、母屋を新築した。旧屋敷跡は「元屋敷」と言われ、土囲いの跡地が防空壕跡とともにうっそうとした竹林の中に残っている。毎年４月の頃になるとモウソウのタケノコが出るので、その時にはタケノコ掘りに出かける。

母屋はフスマで仕切られた田の字型の間取りであった。６畳のオクザシキ（観音様が祀ってあった）とナンド（祖父母の寝間・古いラジオがあり、夏には蚊帳を吊った）。南側には８畳のオデイ（座敷・床の間・仏間）、オオエ（大きな火鉢があった。テレビが入ると家族の居間になった）の４部屋は畳敷きであった。

北側に廊下、南側には日当たりの良い縁側があり、東側には８畳の板張りのカッテ（食事場）とダイドコロ（炊事場）があり、蠅帳で仕切られていた。

玄関の半分（ニワ・藁仕事・タタキ石）はダイドコロまで続く土間になっていた。ダイドコロには煙突の付いたレンガ造りのクド（かまど）と流し台があった。フロはニワの東隅にあり、鉄の釜の上に木の桶をのせた五右衛門風呂であった。焚口には焚き物とゴ（松の枯れ葉）が置かれ、風呂焚きの時には火遊びをしていた。

母屋の中二階には階段で上がり、箪笥や長持ちが置いてあった。葉タバコを作っていた時には、乾燥させたタバコの葉を祖母が選別していたという。後に母の貯金で二間続きの子供部屋になった。屋敷の北西に地の神様が祀られていた。

母屋の前には、大きなコンクリートの四角いタンク（タタキ）があり、瓦屋根に降った雨水を貯めて、飲み水や洗濯・風呂水として使っていた。フロの前に手押しポンプが置かれていた。雨水が頼りで、冬場の渇水期には水が心配であったという。

村人が共同で深井戸を掘ってポンプ小屋を作り、本前に簡易水道が引けたのは昭和 30 年。やっと水の苦労から解放された。

母屋の南は庭（オモテ）になっており、南側に元屋敷から移築された作業小屋があった。西側からハナレ（若夫婦の６畳の寝室）、２部屋続

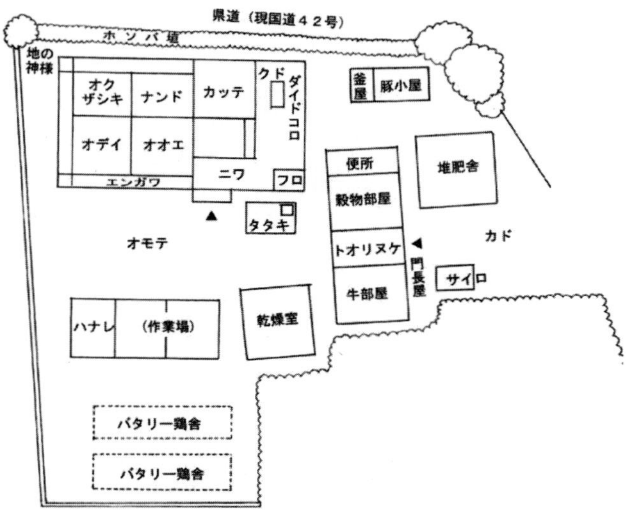

きの倉庫があった。３人の男兄弟の長男であった自分だけが、祖父母と一緒にナンドで寝起きしていた。

東には門長屋があり、北側の庇の部分に便所があり、穀物部屋、トオリヌケ、牛部屋の順になっていた。便所は大小に分かれ、一杯になるとヒシャクで汲み取ってションボケ（肥料桶）に入れて、天秤棒で担いで畑に運び肥料となった。穀物部屋では、米と麦が「五俵缶」と呼ばれる丸い大きなブリキ缶に入れられていた。

トオリヌケは屋敷への出入口であり、木製の牛車が止められていた。牛は牛車での運搬や耕具を引かせるなど農作業に使われていた。門長屋の南隅に４畳の牛部屋があった。押切で細かく切った稲藁と米糠、大豆カスで飼われ、牛の糞尿はカドの北に建てた堆肥舎で発酵させて堆肥として使われた。

門長屋と堆肥舎の北側には、豚小屋があり、横の釜屋で残飯やクズイモ、麦のクズ、味噌カスをハソリで煮て餌にした。赤松にあったデンプン工場から牛車で持ち帰ったサツマイモの絞り滓もカドの南に掘ったサイロに入れて豚の餌にした。

昭和 30 年前後はタバコの生産が盛んになり、その収益で屋敷を新築する家が多かった。仲間で乾燥室を使っていたが、実家では乾燥室を門長屋の横に建てた。燃料の薪を三日三晩も寝ずの番で焚き続けなくてはならず、辛い仕事であった。常に薪がなくならないかと心配した。じきに薪からコークスの燃料に替わった。

タバコ栽培も止め、祖父が長屋の南に２棟のバタリーを建てて養鶏を始めた。その後、沢のカギ畑に 2〜3 棟ずつバタリーを建てて、経営規模を拡大していった。

父は 11 人兄弟（内２人が戦死）の末っ子で家を継いだ。父方の従兄弟は 30 人以上もいる。夏休みになると、横浜、豊橋、田原、新美、赤松、水川などから従兄弟たちが泊まりにきた。横浜の従兄弟が持ってきた鳳凰の 100 円硬貨を初めて見た驚きは、今でも覚えている。

昭和 39 年になると、本前一帯でも構造改善事業が始まり、昭和 43 年の豊川用水の通水とともにも農村の生活も大きく変わっていくことになる。

神戸村には各集落に消費組合と呼ばれる売店があった。本前の消費組合は漁業会が主体となり「水産」と呼ばれた。村でたった１台の電話が置かれていた。揚げ半、豆腐、パンなどの食品を中心に売られていた。みきさんという戦争未亡人が店番をしていた。歩きか自転車で買いに行き、ツケで買い物をした。正月には生産部で豚肉の販売もした。肉を食べられたのは一年でこの１回。そのためにカレーライスといえば、肉の代わりとして缶詰のマグロのフレークが入っていた。

## 子供のころの懐かしい味

河合　睦美（大草町・昭和 18 年生）

### どじょう、ふな、ザリガニ、たにし

竹箕（たけみ）、たもを持って近くの川に出かけた。その日の夕食に煮たり、茹でたり、焼いたりしたものが並んだ。どじょう、ふなは甘露煮、ザリガニは塩ゆでにするとみごとに赤くなり、コリコリとした舌ざわりが美味しかった。たにしは茹でて味噌和えにすると、臭みが抜けて高級な料理になったと記憶している。

男の子たちはたくさん捕まえて田原の二七の市に売りに出かけた。子供の小遣いとしては十分あったと聞いている。

やがて田んぼの稲にホリドールという劇薬が使われるようになり、この小さな生き物は川から姿を消して、食べられなくなった。めだかがすいすいと群れをなして泳ぐのも見られなくなり、心穏やかな小川の光景もなくなった。小学校に勤めるようになった時は、めだかを業者から買い入れて学習に役立てた。

### イナゴ

田んぼの稲穂が黄金色に色づくころ、イナゴが稲穂を食べにピョンピョン跳びはねるのが見えた。

祖父は木綿の糠袋に竹の筒を刺して作った手製の網を腰にぶら下げて、跳ねるイナゴを捕まえて袋に入れた。イナゴは袋から出ることもなく、かなりの量が入っていた。家に戻ると、袋のまま一晩軒下に吊り下げておいた。イナゴは糞を出し、おなかが空になった。

母はこのイナゴを串に刺して焼き、醤油と砂糖で味付けをしてくれた。こんがり香ばしく美味しかった。

「カルシウムが多く、身体の骨によい。成長期には必要な食べ物」と言って食べさせてくれた。

今でも稲穂が黄色になるとイナゴを思い出し、近くの田んぼに出かけて捜してみるが、ほとんど見かけることはない。

当時は、夕方になると田んぼのあちこちに害虫を集める蛍光灯（常夜灯）がともった景色も、イナゴとともに懐かしく思い出される。

### たきぎとり

「ごをかきに行くからついて来い。」「ご」と言うのは、山の木、特に松の木の落ち葉のことで、地面に落ちて枯れた葉をくまででかき集め、枯れ枝を束ねて束にする仕事だった。この頃はどこの家庭もたきぎが台所や風呂場の貴重な燃料だった。

地区の持ち山があって、年に一度みんなでたきぎを作ることが冬間近の大切な仕事だった。大人たちはのこぎりや鎌で枝を払い、それを子供たちが集めて、できるだけ同じ大きさの俵形になるように束ねた。地区の軒数分だけの山を作って並べた。

伐採が終わると、大人たちはできるだけ平等になるように山を確認した。できあがると代表の人が小枝でくじ引きを作った。同じように見えても多少の差があるため、不満が出ないようにくじを引かせたのだ。くじを引いたたきぎを背負い山を下りた。私はこのたきぎの風呂湯のほかほかした温もりが忘れられない。

## 学校生活の思い出

河合　睦美（大草町・昭和18年生）

### 当直の夜のソロバン先生

大草小学校区には塾がなかった。新町から自転車で通勤していた担任の先生は、ソロバンが得意だった。授業では基本から丁寧に教えてくれた。ある時、「検定試験を受けたい子は、私の当直の夜、みっちり教えるから来るように」とのこと。

希望者は夕食を済ませて自転車で教室に集まった。易しい九級の問題から始めた。ソロバン玉を弾く音が初めは鈍かったが、頭の中での計算も含めて徐々に軽やかになり、嬉しかった。時間を計ってくれたのも覚えている。

田原にある光松珠算学校へ検定試験を受けに出かけた。担任の先生は、試験会場の玄関で待っていてくれた。級が上がるにつれ、ソロバンのおもしろさを感じるようになり、先生の当直の夜が楽しみだった。ご褒美に田原祭りに招待してもらい、甘酒をいただいた。この味の美味しかったことと先生の奥様の笑顔が今も心に残っている。

**海人草**　昭和25年頃の小学生のおなかには回虫が湧き、腹痛を訴えることがしばしばあった。学校では給食時、大きなお椀にいっぱいの海人草を飲むことになった。給食のおばさんが大きな鍋でモズクを煮出していた。ぬるぬるした茶色で糸状の海草。臭くて苦くてまずくてオエッとなりながら鼻をつまみ、目をつぶり、味わわないように一気に飲んだ。涙が出た。飲み終わった人から先生がキャラメルを一個ずつくれた。甘くて美味しかった。先生は、「明日、回虫が何匹出たか聞くよ。回虫がお尻から出てくる時、肛門をギュッと締めると回虫が途中で切れて半分腹に残るから、出だしたら一気に…」この説明が実にリアルで真剣に聞き入ったことを覚えている。私も何匹か出て、先生に報告した。

昔は畑の作物に人糞を蒔いて育て、消毒もすることなく食べたので、おなかに虫が住み着いたのだそうだ。それにしてもまずかった。

**しらみとり**　当時、男子は丸刈りだったので、しらみとりは女子のみだった。しらみはとても小さな虫で、髪の毛に張り付いているのが目に見えるほどだった。頭の血を吸うので、かゆくて掻きむしって血が出た。見つけると長い時間をかけて母が捕ってくれることもあった。指でつぶすとプチッと音がして吸われた血が出た。

「明日、女の子は手ぬぐいを持ってくるように。」と先生。次の日、学校の卓球台の上に広げた新聞紙の上に頭を出すと、先生はＤＤＴを髪が真っ白になるほどふりかけた。そして、粉が落ちないように手ぬぐいで頭をきちんと巻いて下校。一晩そのままで寝た。

翌日、新しく広げた新聞紙の上に頭を出すと、先生は細かいすきぐしで一人一人の髪をすいてくれた。しらみの死骸が台の上に落ちた。そのあと、水道で頭を洗って、ハイ終わり。駆除できた。それからは、長い髪は要注意だった。それにしても先生は大変だった。

## 共同の苗代

**河合　睦美（大草町・昭和18年生）**

春も過ぎ、初夏が近づく頃、たらいに浸したお風呂の残り湯の中に、「もみ（稲の種）」を南京袋のまま入れて芽出しの準備が始まった。

「今年は○○さんの田を苗代にすることになっている。稲の種を持ち寄って苗になるまで育てることになっている。」と祖父。

苗代になる田んぼに地区のそれぞれの家庭で芽出しをしたもみを持ち寄って種まきをした。

１アールほどの田に畝が何列もでき、やがて芽が15㎝ほどに出揃うと、みんな集まって一斉に苗取りをした。ちょうど片手で持てるほど抜き取り、水の中でバシャバシャと泥を落としてわらで束ねた。左手で苗を持ち、右手で植えることができた。まっすぐに植えるために木で作った線引きの後ろに、３本から５本位ずつ植えていく。稲の茎が根元から枝分かれして収量が多くなるそうだ。大人たちは、しょい籠の中に稲の束を８束ほど入れて、能率良く田植えをした。私は適当な間隔に投げ込まれた稲の束を手にして、右手の三本指でつまんで田に刺して進んだ。

「来年は、あんたの家が苗代の番の田んぼの順番に当たるから頼むよ。」

その年の苗代のために丁寧に田を起こすことが、共同で苗を育てる準備だった。

「おかげでよい苗が育ち、収量も多かった。」みんながそう思えるような苗代にしたいと思っていたそうだ。

私も苗代、田植えの手伝いをしたが、共同の力と心意気が伝わり、頼もしく思えた。

しかし、素足で仕事をしているため「ヒル」に吸い付かれて血が出たこともしばしば。「ヒル」は沼、池、水田などに住む。細長く平たい形で、ぬるぬるしており、なめくじに似ていた。近くにいた人が、よもぎの葉を唾でもんで足に貼りつけてくれた。おかげで早く血が止まって、化膿することはなかった。

田原市博物館写真提供

## あの頃あの時、小昔の話

**横田　弘道（大草町・昭和 18 年生）**

昭和 25 年に大草小学校へ入学した時、同級生は 26 名だった。どの学年にも戦争疎開と言って、空襲を避けて田舎へ一時引っ越してきた児童が、何人かそのまま住んでいた。

6年生の時、ぴかぴかの鉄筋コンクリートの校舎が出来上がった。運動場にゴザを敷き舞台を作り演芸会、マジック大会などを催して、村中総出で一日中祝賀会を行った。それは、神戸村が田原町に合併する昭和 30 年頃だった。

当時の先生たちは戦争を体験していたためか大変厳しく、例えば宿題を忘れたり決まりを破ったりすると容赦なく頭を叩かれた。時には往復ビンタをくらうこともあった。その事が親に知れると家に帰ってから、「何故学校の先生に世話をかけたのか。」と言って、また親に叱られた。「俺のお父（とう）は先生よりおそがいぞ。」と言う友達が何人もいた。それでも学校は楽しかった。また、毎日暗くなるまで、皆で川や原っぱや森やお宮などで遊びほうけていた。

農繁期になると子供たちは、田んぼや畑で朝から晩まで働かされた。トラクターも耕耘機もない時代で、さつまいもの畝づくり、つる挿し、芋掘り、麦刈り、田植え、稲刈り、それらの運搬もすべて手作業だった。子どもたちは一人前の働き手として扱われた。物資は少なく、質素な暮らしだったが、毎日が面白かった。

その中で動力といえば牛の力だった。田んぼの代かき、牛車での農作物の運搬など、農家の救世主だった。耕耘機を使い出したのは、私が中学3年（昭和33年）頃だった。

ある年、田原の中部小学校運動場で大相撲の巡業があり、横綱の吉葉山や安念（あんねん）山など大勢の力士がきた。学校から全員で歩いて見学に行った。私は代表で吉葉山と相撲を取ったが、横綱の大きな腹にびっくり仰天、横綱に触る前に片手でまわしをつかまれて外へ投げ出され、土俵下の若い力士に受け取られ、観客に大笑いされた。けれど、講堂の中で力士と一緒に食べたちゃんこ鍋はおいしかった。

年に一度、全校で約 4 ㎞の道を歩いて田原の映画館に総天然色と言われた映画を見に行った。その時の「子鹿のバンビ」「砂漠は生きている」「よろこびも悲しみも幾年月」などの映像の美しさと鮮やかさは今でも脳裏に鮮明だ。

電話はその頃入ってきた。テレビはまだなかった。自動車を 1 台見るとその日は一日中幸せだった。こうした小学校時代を経て昭和 31 年4月に田原町立神戸中学校に入学した。

これらの事はわずか一代前の話である。すでに忘れ去られた事が殆どだが、現代社会の進歩発展した生活もこの上に築かれているのである。

## 私の「水の歌」

**藤原　喜郎（大草町・昭和29年生）**

大草小学校出身の童話作家、山田もとさん（1920年生まれ）は、令和２年に生誕100年を迎えた。大草校区は、田原市図書館と博物館と連携して記念行事を開催した。もとさんの代表作が「水の歌」。水に苦労したもとさん一家の姿が表されている。後輩の私も「水の歌」を表すことにした。

大草は地形の関係で自家用の井戸があるところとないところがあった。幸い我が家は井戸水が出るところだった。水の苦労は覚えてないが、一度だけ近所の家にもらい風呂に行った記憶がある。雨が降らなくて、井戸水が涸れてしまったのであろう。すぐ隣に昔「校長住宅」と呼ばれた住宅があった。交通が不便な頃、大草小学校校長が仮住まいをしていた。そこには風呂がなく、我が家の風呂を使っていた。きっといろいろな話をしていたのだろう。父の弟妹が両方とも教師になったのは、風呂が縁かも知れない。その井戸は豊川用水完成時に使えなくなった。すぐ横に本幹が通ったからであろう。

小学生の頃の遊び場は池と川である。新池は私の部落、大東の中にあったのでよく遊んだ。ふだんは子供同士であるが、１回だけ父と釣りに行った記憶がある。父と遊ぶことなどない時代であったのでよく覚えている。確か１匹もつれなかったと思う。新池からの流れは宝幢寺川につながる。小さな川なので川をせき止める「かいどり」をした。魚を手づかみできるおもしろさがあった。そして、汐川に流れ込む。この新池―宝幢寺川―汐川が遊びの黄金ラインであったようだ。私の家の田んぼのそばに山田池がある。その下の田んぼに清水が流れ込んでいた。手伝いの時にはその水を飲んでいた。池自体もきれいで、初めて父から泳ぎを教わったのは、この池であった。

最後に水泳の話をする。山田池や汐川で父から教わったが、半分水遊びであった。大草小学校は最初プールがなかった。プール指導が始まる４年生、私たちは定期バスで神戸小学校に行き、そこで３回ほど泳いだ。５年生、小学校横に豊川用水のファームポンドができた。プールである。ある期間、水道水を入れて泳いだ。ようやく泳げるようになった。しかし、プールではないので、シャワーなどの施設がなかった。６年生、その施設づくりの手伝いをした。なんと浜へ行き、石を拾い、リヤカーに乗せてほうべを上がり学校まで持ってきたのである。基礎部分に使われたのであろう。自分たちはそのシャワーを使ったのかな？

**豊川用水本幹工事（水資源機構写真提供）**

## 思い出に残る風景

**大塚富士子　（大草町・昭和29年生）**

私の生まれ育った家は、大草海岸のほうべから200m位入ったところにある。海のすぐ近くだ。この海で父は私の小学校低学年の頃まで漁業をしていた。

機械船２隻で遠州の方まで行き、魚群探知機でシラスの群れを探し、群れが見つかると２隻の船が海中に流した網を曳いて、泳いでいるシラスを捕る。網に入ったシラスは鮮度を落とさないようすぐに氷詰めにされ、船で大草半身海岸にある加工場に運ばれる。加工場では大きな長方形の釜の中に食塩を入れて煮立て、スノコに広げたシラスをそのまま何段か積み重ね、釜の中に入れていた。チェーンでガラガラと引き上げて、スノコごと天日に干し、ちりめんに加工する。

いわし漁もあった。海面の穏やかな日には地引き網も行われた。町内の魚屋さんがオートバイで買い付けに来ていた。学校から帰ると、時々海に行き釜からあがったばかりの魚をおやつ代わりにつまんだりした。特にゼンメが好きだった。

ある時、漁に行く父にせがんで漁船に乗せてもらったことがあった。嬉しくてたまらなかったのだが、案の定船酔いでぐったり。仕方なく沖まで手こぎの船で迎えに来てもらい迷惑をかけた。もう二度と船に乗るまいと決めたのだった。

陸の方では農業もしていた。私の一番記憶に残る風景は何といっても田植えだ。家族総出で親戚も手伝いに来てくれ、大勢の人で苗を取り束ねる。田んぼに線引きをする。植える。苗の束を植えている人のそばに放り投げる。手分け作業で仕事はすすんだ。私の役割は幼い妹の子守であった。そして一番の楽しみは、田んぼで食べるお昼ごはん。仕出し屋さんで頼んだ弁当やお惣菜をいろいろそろえて皆で食べる。小学生だった私は遠足気分だった。昼休みや休憩の間に近くの川でザリガニ釣りをした。シッポの身を紐で結んだ簡単な道具なのだが、面白い程釣れた。あの赤いアメリカザリガニ、今の田んぼでは見かけなくなった。長い年月の間に駆除されてしまったようだ。

田んぼの近くに沼があった。そばにドコツン山（イシガメの山）と呼ばれている林があり、そこに行けばドコツンに会えるという楽しみな場所であった。しかし今ではたまにカメを見かけたりしても外来種であったりして、イシガメはめっきり少なくなったようだ。

年月とともに自然も様変わりした。昭和30年代、保育園の時、牛車に乗って遠足に連れて行ってもらった頃の記憶をたどると、今よりももっと時がゆったりと流れていたように感じる。

**大草海岸での地引き網**
**左から二人目が若かりし頃の父**

## 「団塊の世代」と呼ばれて

彦坂　久伸（豊島町・昭和 23 年生）

堺屋太一の造語「団塊（だんかい）の世代」が一世を風靡（ふうび）したのは、就職して３年目の 1976（昭和 51）年秋であった。「団塊の世代」とは、「人口構造の極端な膨らみをもたらした『戦後っ児』たち、つまり多すぎる世代」のことである。

世代的には 1947、48、49（昭和 22、23、24）年の生まれである。僕は、真ん中の 1948（昭和 23）年の生まれ。日本国憲法施行の翌年の生まれである。東部小学校の同級生は 91 人２クラスだった。

「団塊の世代」と言われるだけに田原市の人口構造を見ても、一貫してトップの人口を誇る。年齢別人口が 900 人を超えるのは、この３つの世代だけである。なかでも 994 人（2021 年６月現在）を数える 1949（昭和 24）年生まれの満 71 歳世代は、0 歳児 352 人の実に 2.8 倍、少子高齢の典型を見る思いがする。

近年“2025 年問題”がクローズアップされているが、まさにこの「団塊の世代」が後期高齢者の仲間入りを果たす。人生の黄昏（たそがれ）時（どき）にあたって、その存在だけで社会にインパクトを与えつづけた世代として、最後にして最大の課題を投げかけている。全人口の４分の１を高齢者が占めるという超高齢社会は、医療、介護、雇用など各分野へ大きな影響を及ぼす。

「かつてハイティーンと呼ばれ、ヤングといわれた、この『団塊の世代』は、過去においてそうであったように、将来においても数々の流行と需要を作り、過当競争と過剰施設とを残しつつ、年老いてゆくだろう」と堺屋が予言したのは今から 45 年前のことである。死亡ラッシュ、葬儀・火葬１週間待ちなどと揶揄（やゆ）する評論家もいたが、今や「団塊の世代」も後期高齢者の仲間入りを目前にして、堺屋太一の予言は現実のものとなりつつある。

**筆者小学１年生の学級写真である。場所は田原東部小学校東側の蜆川に架かる橋。当時橋は木造だった。**

## 台風の思い出

**彦坂　久伸（豊島町・昭和23年生）**

昨今の異常気象を見るにつけ、子供の頃の２つの大きな台風の記憶が蘇る。1953（昭和 28）年の 13 号台風と 1959（昭和 34）年の伊勢湾台風で、いずれも９月後半に襲来した。

13 号台風は、就学前だったため、記憶らしい記憶がない。親たちが汐川の堤防（神垣新田の堤防）が切れたと叫んでいたのを覚えている程度である。当時の堤防は松並木になっていたように思う。

どさくさにまぎれ中山小学校の校舎を取り壊したことなど、この台風にまつわる様々なエピソードは、杉浦明平『13 号台風始末記』（岩波新書、1955（昭和30）年）から仕入れた。このルポルタージュを元に映画『台風騒動記』も作られている。

伊勢湾台風は、小学５年生の時だった。猛烈な暴風で、平屋の家ながら柱がギシギシと鳴って、外では瓦が飛び、雨漏りがひどく、恐怖だった。

記録によると、９月 26 日午後９時 21 分最大瞬間風速 55.5 メートルを観測している。この辺り（現在の中央公園や大坪の信号周辺）は、堤防は切れなかったようだが、高潮のため一面水浸し海のようになった。

稲刈りの後だったため、大量の刈り取った稲が小野田セメント引込み線のすぐ下まで打ち寄せられていた。後日、稲は作付面積に応じて配分されたそうだが、水に浸かった穂からは芽が出てしまい、減収極まりなかったとのことである。

田原町広報室発行『田原広報』には、「伊勢湾台風のつめあと　災害史上未曽有の大惨禍／見積被害額は 20 億円余」との見出し。その年の運動会は例年のように地域あげて盛大には出来なかったことを記憶している。

台風後の登校時、八柱神社の杉の大木が何本も幹の途中で折れていた。暴風の凄まじさを子供心にも痛感した。

翌年の６年生の遠足は名古屋だった。見学場所は覚えていないが、電信柱には浸水の水位跡が残っていた。その電信柱の記憶だけが今でも鮮明だ。

当時の先生は子供たちに、伊勢湾台風の被害の凄まじさを現場で教えようとしたのだろうか。

**写真は、筆者宅（豊島町清吾 1-7）前から、田原方面を望む。**

**家の前の道は、かつては「旧県道」と呼ばれ西新田（現田原市中央公園）、八丁畷へ続いていた。昭和 30 年代に撮られた写真で、道路は砂利道でまだ舗装されていない。**

## 田舎はいいね

小川　一成（豊島町・昭和29年生）

私の生まれた「砂利坂」は14戸の集落で、松の木に囲まれた道の幅は手押し車が通れるくらいであり、砂利混じりの赤土の道だった。坂も多かったので砂利坂と呼ばれていたのだと思う。

近所の子どもが10人くらいで、いつも山へ行ったり七曲川の川べりで遊んだりした。必ず10㎝くらいのノコギリの歯の付いたナイフを持っていった。ナイフを使って、竹とんぼ、木の刀、竹鉄砲を作った。おやつは、桑の実、ビワ、イチジク、シイの実、野イチゴ、アケビ、ウベ等。

家の近くには、渥美線が走っていた。踏切には遮断機がなく、人身事故も多かった。

小学校は木造校舎で、廊下にはざら板がたくさん敷いてあった。学校にはプールがなかったので、６月の終わりか、７月の初め頃、白谷の旧西部小学校で臨海学校が行われた。着替えをして海に集まると、地元の人かＰＴＡの人かよくわからないが、子どもたちを順番に舟に乗せて沖にこぎ出し、岸から30～50ｍくらいの所に行くと、海へ放り込まれた。岸に向かって必死に泳いだ。苦しかった。休憩の時には、キャラメルをいくつかもらえた。海水まみれの舌には、すごく美味しく感じた。谷熊にはプールらしき所があった。井戸水ですごく冷たかったことを覚えている。

秋祭りには、小学校のグラウンドに青年会の人が舞台を作り、芝居をしてくれた。重箱にごちそうを詰めて、みんなで芝居を見に行った。青年会の芝居がなくなり、校庭での映画会に替わった。

豊川用水の工事が始まり、大きな土管がいたる所に置かれるようになった。その頃、現在の豊島集会場の所に自動車練習場ができてにぎわった。

セメント工場の道路は舗装されていて、まっすぐできれいだった。よくローラースケートをして遊んだ。

工場内には厚生センターがあり、中には２つの浴槽と散髪店、診療所もあった。大きな野球グラウンドやテニスコート、公園もあり遊具を楽しむこともできた。また、近くには神社も建てられていた。

就業時間は午前８時から午後４時までの実働７時間だった。午前11時30分と午後４時になるとサイレンが鳴った。そのサイレンで時刻がわかった。

工場の近くには、食堂と売店があった。大量のセメント袋が、貨車に積まれて出荷されていた。最盛期には300人くらいの従業員が働いていたと思う。

今はセメント工場もなくなり、太陽光発電と御殿山団地に変わった。当時を知る者にとって、一抹の寂しさを覚える。

セメント工場（鈴木政一氏撮影）

## ドローンに思う

川口　昌宏（豊島町・昭和29年生）

東京オリンピックが波乱の中、開催された。前回の東京オリンピックは1964年。自分はまだ10歳の小学生であり、ほとんど記憶にないので、今回がLiveで見る人生初めての東京大会といえる。

テレビで見た開会式は、正直なところ期待外れであったが、1,800機余のドローンによる演出は、すばらしかった。Intelではなく日本の技術でできれば、より素晴らしかったのだが…。

あのプロペラが複数ついたオモチャのようなものが、みごとに制御され一糸乱れず舞う姿には、どうしたらこんなことができるのだろうと驚いた。

ドローンを見て一つ思い出すことがある。それは、小学校の夏休みの宿題として作った工作である。

それは、水平にプロペラが２つ付いた自動車のような乗り物で、ホーバークラフトに近い感じである。

できるだけ軽くするため、細い木で骨組みを作り、それに紙を貼り、白と青色でペイントした流線型の機体で、なかなか恰好よくできたと満足できる作品であった。

夏休みが終わり、作品の展示室には、それぞれが持ち寄った作品が所狭しと並んでいる。

見渡すと、それらの中にあって自分の作品が一番輝いて先進的に見えたように思う。優越感のようなものがじわじわと湧いてきたのを思い出す。

先生も興味を示し、「これは、浮き上がるのか？」と尋ねられ、友達も「カッコイイ！」などと言ってくれ、ますます鼻が高くなったものである。

そして、調子に乗った自分は、これらギャラリーの前で試験飛行をすることとなったのである。電池をつなぎモーターのスイッチをＯＮに。勢いよくプロペラが回り、ブーンと風を切る音がする。…

ギャラリーが見守る中、…全く浮かない！　更に電池を増やし再度挑戦する。プロペラは更に勢いよく回るが、…浮かない。心の中で「頼む、浮いてくれ！」と願うも、…浮かない。

遂に諦めの宣言「おかしいなー」。周囲の視線は、予選敗退した選手に向けられるもの、そして溜息（少し大げさか）。

実は、作っただけで試験飛行をしてなかったのである。かくして、見てくれだけの張りぼてと化したのである。

当時のモーターや電池は貧弱なもので、よほど工夫をしないと空中に浮き上がる物はできなかったのである。それは、とても小学生の手に負える代物ではなかったと思う。

現代のドローンは強力なモーターと大容量のバッテリー、さらに、それを制御するコンピュータと通信技術に支えられて、信じられないような飛行を見せてくれるのである。

ああー！あの時代にこれがあったら、恥をかかなくて済んだのに…。

## 子供の頃の遊びと学校生活

鈴木　公恵（大久保町・昭和29年生）

子供の頃は裏山に登ったり小川でメダカを捕ったり、自然の中で飛び回ったりしていた。春には裏山に登って、今では貴重なササユリをいっぱい採った。採ることが楽しく、腕に抱えるほどのササユリを姉や近所の友達と夢中で集めた。甘く優しいあの香りは今でも頭の中に残っている。春蘭もお寺の山にいっぱいあって、これは根こそぎ採って持ち帰り、家の庭の片隅や鉢に植えて、手入れもせずよく枯らしてしまった。

その頃採り尽くしてしまったからか、今ではササユリも春蘭もほとんど見かけなくなってしまった。申し訳ないことをしたものだと思っていたら、山の環境が変わって、ササユリや松茸が採れなくなったのだと聞き、自分のせいではないと少しほっとした。

子供の頃はご飯を炊くのも、お風呂を沸かすのも薪をくべていたから、その当時は資源として山の木を切り、小枝などを集め、自然と山の整理がされていたのだろう。プロパンガスが普及して人が山に入ることが無くなり、木は伸び放題で日差しが地面に届かなくなってしまい、環境がどんどん変わっていく。寂しいことである。

５年生の頃、豊川用水の工事が始まって、学校の近くに２階建てのプレハブの飯場ができた。家族でその飯場に住んでいる人もいて、１クラスしかない私達の学年にしばしの間、新しい友達ができた。田舎のことで転校生は珍しく、九州訛りのその女の子は、中学に上がる前に工事が終わったのか、またどこかへ転校して行った。その豊川用水ができて、部落にあったいくつかのため池は、その後も使われているのだろうか？男の子達はそのため池で泳いだことがあるらしい。溺れそうになったこともあったとか。

南部小学校にはプールがなかった。そのためか高学年になると、水泳の練習に２日間くらいだったか、学校から貸切バスで片浜の海へ泳ぎに行った。先生方だけでは目が届かないからか、ＰＴＡの父兄が何人か付き添って、水泳の練習をした。とは言っても、厳しい訓練があった訳ではなく、私は車のタイヤチューブで作ったゴム製の浮き輪にもたれて、ぷかぷかと遊んだ記憶しかない。万が一の時のために少しでも水に慣れておくための海水浴だったのかもしれない。

秋になると、大久保神社のお祭りがあった。今では神輿が出たり景品つきのもち投げがあったりするが、私が子供の頃は、ただもち投げがあったのみ。しかも土日は関係なく、お祭りの日にちは10月10日に決まっていて、その日は学校から先生の引率で神社まで餅拾いに行った。全校児童（全校で120ー130人くらいだったと思う）で行ったのか、高学年だけだったのかは覚えがないが、楽しみの少ない田舎暮らしの中、先生たちも粋な計らいをしてくれたものだと思う。

## ヤマモモ（楊梅）の熟する頃

**小林　一弘（片浜町・昭和22年生）**

私が小・中学生の頃(昭和28年～37年)には、農作業の忙しい春と秋に農繁休業（注１）があった。５月終わりから６月初めは麦刈り、６月終わりから７月初めは田植えのために連続２日間の休業日、または午前中だけの短縮授業日があり、私も一人前に田植えを手伝った。

私の育った片浜村では、ヤマモモの木がどの家にも生えていた。私の家にも屋敷を取り巻くように大きな楊梅（ヤマモモ）の木が８本もあり、その中でも、屋敷の西側の２本は屋根よりも高い巨木だった。そのヤマモモは、毎年とてもたくさんの大粒な実をつけていた。

その実は、枇杷に比べると小粒であり、日持ちがしなかった。しかし、小さな果肉は粒々感があり、甘すぎず、程よい酸味で食べやすかった。

私たちがそれを見逃すはずもなく、小学校高学年ともなると、近隣の村の子たちまでも弁当箱を持ってヤマモモを拾いに集まってきた。木の下には筵(むしろ)が４枚ほど敷いてあった。熟した実は、風で枝が揺れる度にボトボトと音を立てて筵の上に落ちた。

６年生の時のこと、我が家の田植えは終わっていた。農繁期にともなう短縮授業日、学校からの休業案内の手紙を親に見せることなく、悪童どもが集まってきた。先頭の者が木を抱えるようにしてよじ登る。後ろから頭で前の者の尻を押し上げるようにして、次々とよじ登る。枝分かれしたところに腰掛けたり、股がったりして思い思いに赤黒くなった実を頬張っていた。

白い服が赤く染まらないように、それはそれは気を付けながら、３時頃までは静かに樹上で涼んでいた。梅雨時の晴れ間のそよ風は心地よかった。

「どうだ、ヤマモモは旨いか？」聞き覚えのある声。見回りの先生が私たちを見上げていた。

やがて、農繁休業の学校行事はなくなった。甘いお菓子が出回るとともにヤマモモは見向きもされなくなった。２本の巨木は庭木として大きく枝打ち・剪定され、昔日の面影はない。後年、「農繁期　楊梅（ヤマモモ）に子ら　よじのぼる（阿波野青畝）」（注２）の俳句を見つけ、幼き頃の姿を懐かしんでいる。

（注１）**農繁休業**（のうはんきゅうぎょう）　農村の小・中学校などで、農繁期に授業を一定期間休んだこと。学校教育法施行令　29条」（昭和28年10月31日）に、「農繁期等における休業日は、当該学校を設置する市町村又は都道府県の教育委員会が定める」

（注２）**阿波野青畝**（あわの せいほ)、1899年（明治32年）２月10日－ 1992年（平成４年）12月22日）は奈良県出身の俳人。本名は敏雄。旧姓・橋本。原田浜人、高浜虚子に師事。昭和初期に山口誓子、高野素十、水原秋桜子とともに「ホトトギスの四Ｓ」と称された。(ウィキペディア)

## トロンボと鰻

鈴木　利雄（白谷町・昭和22年生）

白谷集落の家が段々に建っているその下、県道際になる所に鍾乳洞から出た水が流れていた。その水は澄んでいて、年間を通じて一定の水温であったように記憶している。地元ではその場所をトロンボと呼んでいた。でも、なぜそう呼んでいたのか自分では解らないまま、確かめもしなかった。

白谷集落の背後は昔から石灰石採掘の鉱山となっていて、私が子供の頃でも既にかなり採掘されて高い崖と深い穴のような状態であった。鉱山側の石灰石を採掘した箇所にも鍾乳洞の一部が現れていて、鍾乳洞が繋がっていることは子供なりにも理解できた。

トロンボは、鍾乳洞から湧き出た水が石垣で囲まれた小さな沼か遊水池のようになっていて、そこから県道の下を潜り海に流れ込んでいた。その流れは子供たちが海で泳いだ後の潮出し（身体の塩分を流す）の場となっていたが、あまりの水の冷たさにキュッと胸が締め付けられるような気がした。

年配の人たちは、トロンボには鰻が沢山いると言っていた。それどころか、生石灰（当時、白谷に石灰の焼成窯があった）を放り込んで一網打尽にしようとした者もあったとか、自慢話のように聞かされたこともあった。

幼かった自分は、まだ一度もトロンボの鰻を見たことがなかった。それでも自分なりにトロンボに鰻がいるのだと納得したのは、遊水池のような所から県道下を潜り海に流れ込むそこに、シラスウナギが上ってきたのを見たときだ。

その頃は、食べられそうなものは大抵口に入れて味見をしていたので、このときもそうしてみた。ところが、口に入れて噛んだ途端、あまりの苦さに吐き出してしまった。いくら吐いてもその苦さが口や喉の奥にいつまでも残り、気持ちが悪くなってしまった。

ともかくシラスウナギが上って来るほどだから、年配の人たちが言うとおり、トロンボには本当に鰻がいるのだろうと妙に納得してしまったのである。

そうすると、自分でも鰻を捕まえてみたいと思うようになった。先輩にやり方を教わり、鰻の潜んでいそうな石垣の穴にミミズを付けた釣り針を差し込んだりして何度か釣ろうとしたが、一度も釣れなかった。

年中途切れることなく澄んだ水が流れていたトロンボであったが、時が流れ、鉱山開発で山が無くなると、水も自然に涸れてしまった。とうとう、私にとってトロンボの鰻は幻となってしまった。

白谷の石灰石採掘場

## 桶と箍（たが）

**鈴木　利雄（白谷町・昭和 22 年生）**

今の子供たちにタガと言ってもなかなか通じない。現在では、漬物は殆どがプラスチックの桶や袋、又は陶器の甕（かめ）で売られ、醤油もプラスチックの容器で売られている。酒類も瓶かプラスチック、紙パックなどに入っている。

以前は、醤油は木の樽で売られ、漬物も木の樽か甕（かめ）であり、酒だって店に木の樽が堂々と置いてあって、飲んだり小分けしてもらったりするときは、店の人が樽の下の方についた木の栓をねじり緩めて枡に注いで分けてくれていた。

子供の頃、組合（白谷農協）へ飴玉を買いに行くと、やや薄暗いようなところに酒の樽が置いてあった。いつも夕方の時間になると、真っ黒に日焼けした村の酒好きの大人たちがやってきて、組合のカウンター（飲む人用のカウンターではないが）が賑わっていた。腹いっぱい飲んだかどうかは知らないが、後は赤黒い血ぶくれのような顔になって、ふらつきながら帰っていった。帰りがけに組合のカーテンで口を拭っていく人もいた。白かったはずのカーテンはその頃には赤茶けて汚れていたのが妙に印象に残っている。

それはともかく、木の樽には必ず竹で編んだ箍（たが）がはまっている。樽は箍によって形や機能を保っており、箍が緩んだり切れたりすると中身が漏れることになる。

その頃は身の回りには樽がどこにでもあり、使われている樽には必ず箍がはまっていた。

男の子たちは箍を回してよく遊んでいて、その遊びを「タガ回し」と呼んでいた。それもタガがなければ遊べない。壊れた樽のお古の箍をもらうか、箍屋さん（樽を多く使っていたその頃は、樽の修理をする職人さんが回ってきて、タガ屋さんと呼んでいた）が来たときに古い箍をもらったりした。箍の代わりに自転車のリムを使う子もいた。

それで、できるだけ自分の回しやすい大きさの箍をまず手に入れた後は、それを回すための竹の回し棒（呼び方は忘れた）を作るのである。

そうしてタガ回しにいよいよ挑戦することになる。何事も最初からうまくできるはずもなく、回すために押し出していく回し棒がすぐに外れてしまったり、前に進むスピード感がつかめないと長く続かなかったりする。右へ左へと自由自在に遊べるようになるには、上手な先輩のやり方を真似しながら覚えていったものだ。それでも、うまくできるようになると楽しくて、日暮れを忘れるほどだった。

　箍の思い出がもう一つある。話のついでになるが、その頃は、殆どの家が汲み取り式の便所であった。もの心ついた頃の男用の便所は、地面に埋めた甕で、玄関（大戸口と呼んでいた）脇にあった。大便の方は、そことは別に納屋の横に甕が埋けてあり、その上に足が乗るくらいの板が二枚渡してあった。周りを隠すものは大人の腰程度の高さの板囲いに簡単な板戸だけだった。小さい頃に使ったことがあったが、甕に落ちたらどうしようかとか、垂れた途端に下にたまっているものが跳ね返ってこないかなど、子供心にとても怖かったことを覚えている。

　甕がいっぱいになると、汲み取っては畑の作物の肥しにしていた。畑の隅にはそれ用に大きな甕が一つや二つ埋けてあり、いつでも使えるようにそこへ溜めていた。だから畑のネギなどには下肥に混ざっていた新聞の切れ端がくっついていることもあった。

　畑に運ぶには、肥柄杓（こえひしゃく）を使って小便桶（しょんぼけと呼んでいた）に汲み取り、それを一荷（桶２つ）にして天秤棒で担いで行った。白谷ではなぜか、女の人が運んでいることが多かった。水桶で自分も経験したことがあるが、担ぐバランスが非常に難しい。それでも慣れれば天秤を担ぐときに肩に当てる位置が勘で分かるようになる。

　しかし、大切な肥料とはいえ、元々は糞尿である。担いで畑まで無事運ぶには慎重に担いでいかねばならない。誰が担いでいるのを見ても、桶の紐を左右の手でしっかりと支えながらゆっくりとバランスよく運んでいた。

　あるとき、仲間の子供たちと村のお寺の近くで遊んでいたら、そこへその桶を天秤に担いだおばさんが向こうから歩いて来るのが見えた。緩い上り坂をゆっくりと近くまで来たので、道の脇に避けて見るともなしに見ていた。もうちょっとで坂を上りきって寺の門前まで近づこうとしたとき、突然担いでいた桶が落ちた。びっくりしてすぐには何が起こったのかわからなかったが、片方の桶の箍が切れていた。それで中身が出ていた。もう片方の桶もひっくり返って流れ出していた。おばさんは、情けなさそうな顔でその流れをじっと見ていた。流れたものをどうすることもできなかった。

　まだ大人の苦労もあまり分からなかった自分は、内心ではおかしかったが、情けなさそうなおばさんを見ていると声を出して笑うことはできなかった。

　後年、「箍の外れた〇〇〇〇」などという例え話を聞くたびに、なぜかそのときのことが思い出された。

## 寒かった子供の頃

**鈴木　利雄　（白谷町・昭和 22 年生）**

子供の頃の冬は寒かった。家に暖房器具は少ないし、家自体も今と比べて隙間だらけだった。着る物も今のように暖かいダウンのようなものはなかった。せいぜい綿の入った半纏（はんてん）がいいところだった。

子供の袖口のあたりが拭った鼻水でテカテカに光っているのが、見慣れた風景であった。中学へ上がってからも青鼻を垂らしている子がいたほどだった。しかし、そんな子は今どき見たことがない。

また、よくあちこちに氷が張った。霜焼けの手で鼻水を拭いながら、庭の甕（かめ）の中や近くの防火用水に張った氷を足で割ったり、氷の上に石を滑らせたりしては遊んだ。田んぼへ行けば、石垣の水の落ちるところにはつららができていて、それを折っては舐めたりしていた（多少泥臭いのだが）。田んぼに張った氷に乗り、氷が割れてズック靴のまま冷たい田んぼに踏み込んでしまうことはよくあった。そんな寒い季節でも、外の遊びを見つけては遊んでいた。

その頃の暖房器具を振り返ると、まず火鉢が思い出される。家には大きな火鉢が１つあって、それは家族が暖をとる主な手段であった。小さな火鉢も幾つかあったが、法事などでしか使わなかった。昔の家は隙間が多く、夏ならばいいが、冬は床板の隙間から風が抜けてくるのでとても寒かった（その頃、床板の下をエンノシタと言っていた）。エンノシタは打ち付けがあったようだが、ネズミのかじった通り道の穴がいくつも空いていて風通しがよかった。それに、床の上に敷いてあるのは畳などではない。必要な部分に煮しめたような茣蓙（ござ）が敷いてあった。畳もあるにはあったが、法事などの大事なときに敷くだけで、常にはお蔵の中に積んであった。それほど大事にされていた。そんなわけで、風の強いときは敷いた茣蓙が持ち上がるようなこともあった。

だから、火鉢は欠かせなかった。大きな火鉢に炭をいっぱいに入れ、火鉢の縁がチンチンに熱くなるほど火をおこして、皆であたっていた。

外から帰ってきたときは、まず火鉢の灰をさばいて熾（おき）が残っていればそれを使い、無ければ炊事場の消壺にある消し炭から火を熾し、固い炭を継ぎ足していった。出かけるときには、火鉢に残っている熾は灰で囲っていた。こうすると炭が長くもった。

子供たちは、外の遊びから帰って来たときや中学校から冷たい風の中を自転車で帰ったときなど、家に入るとすぐに火鉢の処へ行き、手袋を外して霜焼けとアカギレの切れた手をあぶっていた。当時の自分は、冬になると毎年のように手足が霜焼けとアカギレ、耳たぶも霜焼けでただれたうえに端っこが切れていたときもあった。

大火鉢といっても、家族集まれば子供を中にして手をかざすくらいしかできない。そんな中に寒い外から凍えた身体の者が入って来ると、家の中は一気に冷え

てしまうようだった。たまに火鉢が独り占めできるようなときには、火鉢を足で抱え込んだり、もっと寒いときは火鉢の縁をまたいで暖をとることもあった。

その頃、我が家にはまだテレビが無く、夜の娯楽といっても特になかった。縄ない(縄をなう機械があった)や菰編みなどの親の夜なべ仕事をしばらく見て、風呂に入れば後は寝るのが一番よかった。

小さな頃は親子で一緒に寝ていたが、そのうち一人で寝かされるようになると、足が冷たくて寝付けないので、母親が陶器の湯たんぽを足元に入れてくれるようになった。湯たんぽはちゃんと栓がしてあっても、何となく湿りっ気のある暖かさであった。やけどをしないよう布でくるんで、寝る前に足元辺りに入れてくれた。そうすると、寝る前から布団の中が暖かかった。

やがて、それが豆炭の行火(あんか)に替わった。その行火は冬のオリンピックのカーリングのような形をしていて、石綿を詰めた真ん中に、火のついた豆炭が一つ入るようになっていた。これも湯たんぽと同じで、寝る前に入れておけば暖かい布団に入ることができた。

行火では苦い思い出もある。最初は足を乗せていたつもりでも、あくる日起きてみると、内股が赤くやけどをしていることがあった。どうも寝ている間に挟み込んでしまったらしい。

豆炭、行火の次は電気行火に替わったが、それでも寒いときに温度設定を上げたばかりに、同じ内股にやけどをすることになってしまい、しばらく自転車に乗るのが辛かった。電気こたつが入ってきたのはもっと後のことになる。

その頃の布団といえば、今のような軽い布団ではなく、かなり重たく感じた。むしろ布団が軽いと寒く感じられたものである。羽毛布団なんて見たことも聞いたこともなく、布団カバーというしゃれたものもなかったし、常に使う布団の内側の白い布に、なぜか○○製粉と印刷がしてあったのを覚えている。あれは小麦粉の袋の再利用だったのかもしれない。

藁(わら)布団の思い出もある。藁布団といっても何も家畜と一緒に寝たわけではない。冬になると母が藁布団を作ってくれた。その年の新しい稲わらの袴(はかま)をすいて、それを綿の代わりに入れるのである。そのときはいつも手伝っていた。それは、自分が手伝って納得したものにその晩から寝られるからだった。

藁布団は軽く、しかもふんわりとして厚みがあり、寝ると沈み込むような感じで体を受け止めてくれる気持ちよさがあった。しかし、毎日寝ていると段々藁がへたって薄くなり、ふんわり感が無くなってくる。それでも出来立ての藁布団は、今なお懐かしい布団である。確か中学生の頃まで母が作ってくれた記憶がある。

## セピア色の記憶

鈴木　徹（田原町・昭和 23 年生）

時は高度経済成長期へ歩み出した頃。田原の街は、駅前から上町へ上る通りと、船倉橋方面から新町へ東西に走る国道との交差点、通称十字屋の交差点を中心に活気を帯びていた。

駅を出てすぐに左へ曲がり城宝寺に向かうと、その手前左に「東英館」という映画館があった。１階が椅子席、２階はゴザが敷かれ、芝居小屋の仕立てで花道もあったような覚えがある。興行は通常２本立て、間にニュース映画が入っていた。まだテレビが普及する前だから、楽しみにしている人は多く、いつも結構賑わう。子供たちは、ゴジラにモスラに熱狂した。ゴジラのテーマ音楽やザ・ピーナッツの歌うモスラの歌は、あっという間に子供たちの心を捉えた。

東英館を出るとすぐ城宝寺に突き当たる。左前方に行くと寺下の通り、一本橋に続く。右に曲がり少し歩くと左角に萱町会館がある。お囃子の練習はここで行われていた。毎年盆を過ぎる頃から練習が始まる。その音が聞こえるようになると、祭りが近づいていることを感じ胸が躍った。たまに近所の子らと連れだって練習を見に行くのだが、笛や太鼓に鼓、そして元気の良い合いの手を直に聞くのは楽しかった。

会館前三叉路の中央、少し広くなった所に一時消防ポンプ車の格納庫があった。ここを右に進むと、この道は駅前通りに出る。左角に永福堂と言うよく通った菓子屋がある。ここの「ういろう」はうまかった。通りの向こうの伊藤理髪店は小学生の頃はお世話になったものだ。

駅前通りを北へ進むと十字屋の交差点で、左に曲がり新町方面に向かう。ここら一帯は国道で分断された形になっていて、北側には黒い板壁の味噌蔵が見られ、それは南側の所々にも残っていた。鈴木乳母車店の前の三角形の土地に建てられていた黒い倉庫は、国道を挟んで向かい側の黒い倉庫を改装した民家につながる。この角に蒲郡信用金庫が建てられた。工事中に立ち入ったことがあるが、分厚いコンクリの壁は、厳重な造りだと子供心にそう思った。二七の市はこの国道沿いで開かれていた。野菜や生花、苗、卵、時には子ウサギまでもが売られており、豊橋からも衣料品を売りに来ていたという。

時が少しずれて、国道北側の電報電話局の隣にシロキヤスーパーが開店した。野菜、肉、魚、パン・お菓子から、日用品に至るまで生活に必要な物が揃い、しか

本町通り（鈴木政一氏撮影）

も安い。新しい魅力を感じた。

一年中で最も賑わいをみせるのが田原の祭り。特に夜の十字屋界隈の賑わいは昼の神輿や昼山車以上で、夜山車が繰り出すと、三味線や太鼓の音と拡声器から流れる歌、そして艶やか芸妓さんの踊りで一層華やかに盛り上がる。しかし子供たちには十字屋界隈に並んだ露店の方が楽しく、カーバイトランプの灯りとか、その独特な匂いが、喧噪な賑わいとともに祭りを深く記憶させた。

さて上町通りを上るとしよう。ここは、狭く短い通りにたくさんの店が集中している。瀬戸物から金物を扱う店、呉服屋に洋品店や化粧品店、電器屋、おもちゃ屋、酒屋、これらの店が並び、看板や幟（のぼり）が立ち、そこを人が行き交う。田原一番の繁華街だった。ここらの店は、田原でも早くにテレビが置かれ、子供たちが「チロリン村とくるみの木」を見に大勢押し寄せたものだが、さぞかし迷惑なことだったろう。それでも寛大だった。時が少し立ち、早めにテレビを入れた商家でない普通の家も、同じように座敷を開放し子供たちを受け入れてくれた。昭和の良き時代とも言うべきか。

突き当たりを左に曲がり本町通りに行けば、また右に折れて旭町や簗出や柳町に出れば、そこにも多くの物語がある。しかし、あいまいで不確実な記憶は、郷愁だけが先走り、思い出そうとすればするほど遠くの闇に紛れてしまう。それでも、その時代をどう生きてきたかを語り継いでいくことは必要だろう。

**上町通り（鈴木政一氏撮影）**

※柳町から稗田、新町への国道（県道）は、大正 11 年に完成している。昭和 30 年代にアスファルト舗装された。

※大正 13 年渥美線の豊橋－田原間が開通し、それに合わせ田原駅周辺が埋め立てられ駅前が整備される。昭和２年の航空写真では、東英館はもちろんのこと、駅周辺に家は建っていない。

※本町通りから新しい国道に抜ける広小路通りは、大正 14 年に開通している。

※昭和 30 年代には、国道沿いに東海銀行をはじめ豊橋商工信用組合や蒲郡信用金庫等の金融機関があった。移転を重ね現在に至る。

## 貧しくてもタフな思い出

小原　敏英（田原町・昭和 29 年生）

大きな丸い飯台をごろごろ転がせて、八畳間の真ん中に据える。そして、大鍋を中央にセット。「いただきます!!」とともに、試合開始のゴングが鳴る。

空中を乱舞する箸、箸、箸。「ウォー、肉発見！」。今日は『すき焼きの日』！…と言っても、鶏のみち（卵道）、内臓肉、野菜、糸こんにゃく等の入ったごった煮であった。

「しめしめ」誰も気付いていない。「肉発見！」まっすぐ向かう箸。わからないようにネギでくるんで、「よし、ゲット!!」「あっあ～幸せ～」「んっ、カッ、カリフラワー!?」醤油で煮たカリフラワー～。鶏のみちそっくり、思わずがっくり…。

当時の我が家は９人家族であり、食事タイムには毎日の如く催される風景であった。そのお陰かどうか、何でも食べられるようになったし、食べるのも早くなった。良いことかどうかはわからないが…。もとい!!　選り好みなんかしているうちに、食べるものがなくなってしまうのである。

確かに貧しい風景ではあったが、精神的にはタフであり、秩序、マナー、目配り等々、自然に身についていった。

昭和 30 年代は、我々にとって幼少期であった。現ＮＴＴ西日本田原ビルの前の道路も未舗装で、自転車でこけたことが何度もあった。現ＪＡ愛知みなみ田原支店のある晩田の土地には、小さな池が２つあった。そこは我々のザリガニ釣りのメッカでもあった。メダカ、タニシ、アメンボ、タガメ、ヤゴ、ゲンゴロウなど、いろいろな生き物が生息していた。

現ＮＴＴビルの対面に東海漬物の工場があり、その前を小さな用水が流れていて、赤子（アカムシ）のかたまりがよくいた。メダカなどといっしょに網ですくっては、中部小学校の丸池に放すと、池の鯉、金魚が美味しそうに食べた。

ある時、その鯉や金魚の姿が次第、次第に少なくなっていったことに気づき、やがて１匹も見えなくなってしまった。

そこで、丸池のかいぼりをすることになり、私も手伝いに出かけた。水が徐々に少なくなったが、生き物らしき姿は一向に見えない。その時、池の底の泥が少し動くではないか。「なっなっ何だ!?」「タモ！タモ！」と言う先生の声が響く。私はといえば、「わくわく、わくわく。何者だ、名を、名を名乗れ!!」

「赤胴鈴之助!!じゃない、わて雷魚っていいまんねん（なぜか関西弁）」。「わて鯰（なまず）でおます」雷魚の大きさは 50 ㎝くらい、鯰は 30 ㎝くらいであった。

我々はせっせとこの２匹に餌をやるために、丸池に通っていたことに気づいた。

田原中部小学校（鈴木政一氏撮影）

## 「昭和」思い出のひとこま

南屋巳枝子（田原町・昭和29年生）

2013年（平成25）、東京墨田区にある江戸東京博物館で「明治のこころ モースが見た庶民のくらし」という企画展が開催された。モースとは、大森貝塚の発見者として知られるエドワード・モース（1838－1925）のことである。彼が三度にわたる来日の後に、米国に持ち帰った多彩なコレクションの品々を紹介する展覧会だった。アメリカ・マサチューセッツ州にあるピーボディー・エセックス博物館とボストン美術館が所蔵する「モース・コレクション」から320点の日用品や農機具、ガラス原板写真やモース自身の日記、スケッチなどが展示されていた。中でも日用品や農機具は、明治前半にモースが持ち帰ったものにもかかわらず、私はそれらの殆どに見覚えがあった。明治初期より昭和半ば頃まで日本人の生活は変わっていないのではないかとさえ思えた。私は懐かしさと同時に驚きを隠せなかった。

私たちの生活が大きく変わり始めたのは、東京でオリンピックが開催された1964年（昭和39）あたりからだろう。一般的に1955年（昭和30）から日本の高度経済成長期が始まるとされるが、1966年（昭和41）から日本経済は実質成長率10%を超える高度経済成長期に入っていった。

1954年（昭和29）生まれの私はまさに日本の高度経済成長期に生まれ育ったといえる。

明治生まれの私の祖父は、出かける時には中折れのフェルトハット、夏はパナマ帽を被り、煙管で煙草を吸っていた。家の皆が「洋館」と呼んでいた建物にベッドが置いてあり、そこが祖父の寝室だった。しかし私は、祖父の洋服姿を見たことがない。着物を着て履物は草履、下駄だった。

当時、わが家の前の本町通りには「下駄屋」があり、母はそこでよく鼻緒を直してもらっていた。通りを牛が糞を落としながら歩いていたが、「本町」は町でも中心部であったのだろう、近くに洋館風な建物の郵便局があり町役場もあった。既に町役場は移転していたが、郵便局は営業していたと思う。

かつては地域ごとに日本の食文化に欠かせない酒、醤油、味噌を作る醸造所があったように、田原にも醸造所があった。わが家の近所には味噌・醤油を量り売りする販売店が２軒あり、母と一緒に一升瓶を持って醤油を買いにいったことを思い出す。

町には「上町（うわちょう）通り商店街」という商店街があり、近くには八百屋、魚屋、肉屋が軒を並べ「地域の台所」の役割を担っていた。また多くの人びとが集まる商店街は、地域のコミュニティを形成する重要な場所でもあった。一方、1963年（昭和38）、早くも田原にセルフサービス方式のスーパーマーケット「シロキヤ」が誕生する。田舎町にとって画期的な出来事であったと思う。

毎年９月になると田原祭りがある。現在は９月の土・日曜日の開催となっているが、当時は曜日に関係なく15日と16

日に決まっていた。神明社から商店街入口あたりまで、道路幅が狭いにも関わらずずらりと屋台が並び、そこを山車が通るのだ。わたしは家の２階の窓から覗き、本町の山車がやってくると、着物を着て飛び出していったものだった。女の子は着物を着ていた。帯、帯締め、帯揚げ、志古貴（しごき）を締め、頭にかんざしをつけて、まるで七五三のような晴着姿で山車を引くのである。山車は、萱町、新町、本町と地区ごとに所有しており、私は３台の山車のからくり人形の動きを見比べながら、本町が一番だと満足げに思ったものだ。

私の通った花園保育園は、田原城跡でもあり、現在田原市博物館が建っているところにあった。当時園庭に二ノ丸櫓はあったが、内部には入れなかった。もちろん幼稚園バスなどない。保育士さんや親が送り迎えをしてくれるわけでもなく、私は２つ上の姉と近所の友人と保育園までのおよそ 800mの道のりを歩いて通った。土曜日は半ドンだったが、毎日持って行ったお弁当は、チューリップの絵のついた楕円形の赤いアルミのお弁当箱だった。

冬になると手に「ひび・あかぎれ・しもやけ」ができた。冬の暖房器具は掘り炬燵と火鉢で、熱源は木炭だ。よく掘り炬燵の中に入ると死んでしまうと言われたのを覚えている。店には大きな石炭ストーブがあり、高い天井を煙突が這っていた。しばらくして石油ストーブになった。

夏には、電気扇風機があった。夏に母方の祖母の家に泊まりに行くと、私が寝付くまで祖母が団扇で扇いでくれていたのを覚えている。エアコンが一般家庭に普及するのはずっと後のことである。

まだ各家庭にテレビが普及していなかった頃、わが家の店に大きなスクリーンが設置され、映画会が行われた。店先には多くの人が集まり映画を楽しんだ。当時の映画は本編上映前に必ず「ニュース映画」が流れた。

世の中が変化を見せ始めたのは、私が小学校に入った頃からだろうか。いわゆる「三種の神器」と呼ばれた冷蔵庫、洗濯機、白黒テレビが各家庭に行き渡り、東京オリンピックはカラーテレビで見ることができた。1969 年（昭和 44）のアポロ 11 号による人類初の月面着陸の模様は全世界に生中継され、テレビを通して見ることができた。その日は暑い夏の日だったのを覚えている。

町は、この 30 年ほどの間に市街化が図られ、すっかり様変わりしてしまった。あの頃の「古き良き昭和」の建物も通りも今はもうない。

本町通り（鈴木政一氏撮影）

## 記憶に残る町並み、遊び

夏目　春代（田原町・昭和29年生）

三河田原駅から国道259号に向かって一直線に延びた駅前商店街を抜けると、上町・下町・中町と呼ばれた商店街があった。上町通りは老舗呉服店等、衣類を扱う店が多く、下町は飲食関係の店が多い通りであった。

その下町の角にある祖父の代からの床屋が私の生家である。祖父は新しもの好きで、当時は珍しい前洗面を早くから作っており、練炭で沸かしたお湯をシャワーで使用。夏は道路に面した窓を全開にし、扇風機を使用して営業。昔は現在ほど気温も高く無かったのであろう。

家の隣は雑貨とたばこ屋。風邪をひいた時、優しい想い出あるうどん屋。

当時はまだ牛車が使われており、その荷台や、子供の身長程もある大きな車輪等を作っていた車屋。中町に当たる隣は大きな豚を精肉していた肉屋。自家製のいわし玉やちくわを焼く薫りが懐かしい魚屋。一杯飲み屋も兼ねた酒屋。老舗米屋。野菜一本から売ってくれた八百屋。と、恵まれた環境だった。

両親が仕事をしているため、私はおばあちゃん子だった。籐の乳母車で毎日散歩。汐川の船倉橋のたもとに繋がれた船に私を乗せようとして、二人共ひっくり返り、ずぶ濡れになりながら帰宅した憶えも。

家の近所に置屋さんが沢山あり、店に顔剃りにみえた芸者さん達に可愛がられたらしい。豊橋方面から船で芸者さん遊びに来る人達は、木戸三や尾張屋等で遊んだのだろう。木戸三と尾張屋は幼なじみの家で、大きな階段や広い廊下を滑って遊んで叱られた。

家から下がって行くと、今は姿を消した銭湯。その先に毎日通った第一保育園。園にはアルミのお弁当箱にご飯だけ詰めて持って行き、網状の引出しへ。その下には練炭が入っており、昼にはほかほかのお弁当を食べられた幸せ。

園を出ると一面の田んぼが広がり、ザリガニ捕りや、でんぷん置場の山で真っ白になりながら遊んだ。

テレビの無い時代、駅前に近所の友達の父親が経営する東英館という映画館があった。私達は何時もフリーパス。売店でお菓子を貰い、２階のゴザを敷いた見物席の座布団で遊び、走り回り、係のおばちゃんに叱られた。お客さんは１枚５円で座布団を借りていた。

聞き取りにより作成した

昭和30年代の田原の商店

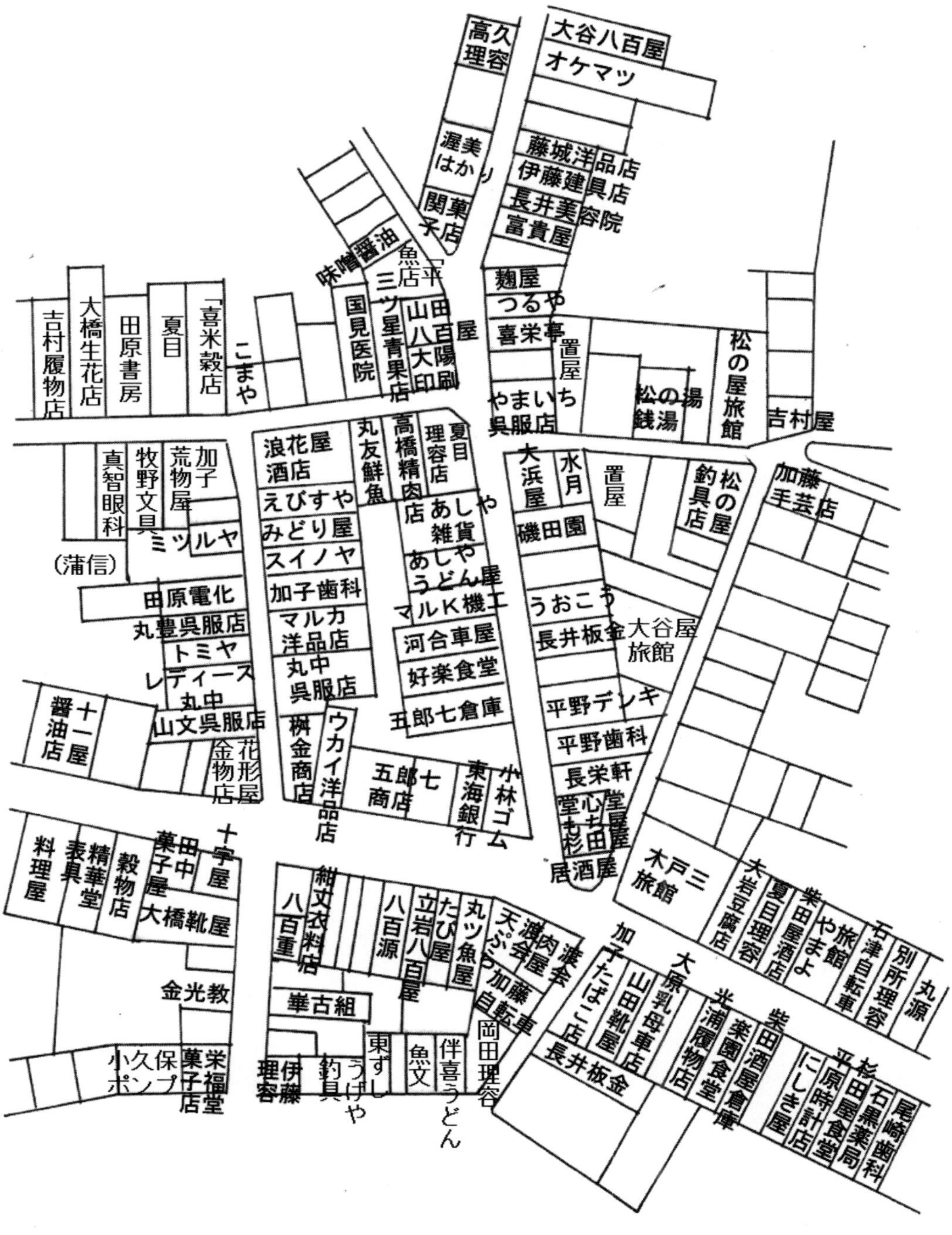

## 「８人家族の生活」が私の人生の基盤

**近藤　博子（加治町・昭和 29 年生）**

「思い出を　引き出す写真　ありがたや」この写真を見て、私の母（87 歳）が詠んだ俳句だ。私が８歳、今から 58 年前にさかのぼる。祖父母、父母、妹二人、弟の８人家族で兼業農家。結婚するまでの 23 年間を過ごした。私は長女（８歳）で妹（６歳と４歳）弟（１歳）の４人兄弟。私たちの名前は、祖父が加治町の友人に名付けてもらったそうだ。当時、４人兄弟は珍しくなかった。

祖父は、家の中で「一番」の存在で、逆らうことは許されず、怖い存在だった。「仏壇では手を合わせ、ご先祖様に感謝をする」「履物をそろえる」「年長者からご飯をよそう」「残さずに全部食べる」など、教えられずとも生活を送るうえで躾られていたと思う。

「加治の加子さんとこの子は・・・」なんて話の中では、渥美半島でも３軒しかない苗字だと知ってからは、長女であることを意識して「いい子」でいた。むしろ、いい子でいなければならなかった。

私たち兄弟４人は、田原中部小学校、田原中学校、成章高等学校に通ったが、12 年間一日も欠席することがなく、「皆勤賞」を頂いている。健康だということの証だが、きっと、毎朝ヤギの乳を飲んでいたからだと思う。はじめは、近所の家に搾りたてのヤギの乳をもらいに行っていたが、ヤギを飼うようになってからは、毎日、母が搾りたてのヤギの乳をなべで沸かしてくれ、カップに注いでくれ

た。ヤギの乳は独特の臭いがあり、おいしくなかったが、「兄弟のお手本」だったのと、祖父が見ていたから、残さず飲んでいた。その結果、丈夫な体を作ることができたようだ。

また、定年になるまでお世話になった学校給食の思い出は、脱脂粉乳の牛乳から紙パックの牛乳に替わり、おいしい牛乳になったことだ。学校給食を食べた 52 年間。栄養のバランスを考えてくれた献立にはとても感謝をしている。そして、毎日の三度の食事の大切さを痛感している。「早寝、早起き、朝ごはん」と何より食べ物の話をすることが、健康の第一歩につながることをひしひしと感じている。

兄弟で、おやつの取り合いをしてけんかをしたり、要領よく立ち振る舞うことを覚えたりと、この歳になって親や兄弟のありがたさ、そして、祖父母の存在を思い返している。体の中を流れている血は、先祖から受け継いでいる大切なものだから、大事にしなくては・・・

## 墓参り

**山田　政俊（野田町・昭和 19 年生）**

「じいちゃん、お墓参りに行った？ハナ子さんが呼んどるよ！」今年 52 歳になる長女からの電話である。「ハナ子さん」とは、平成 30 年に 96 歳で亡くなった母親の名前。お墓の前の道は日に何度となく行き来していても、お墓参りのために駐車場へ車を入れたことはない。お寺へ出向いた時に本堂横の斜面に林立する墓石を見ると、色とりどりの仏花が百花繚乱のごとく咲き誇り、「うちのお墓の花こそが一番だ」と物申しているようでならない。

自分の脳裏には「お墓参りは盆と正月だけ」が刻印されている。私は昭和 19 年生まれ、喜寿を迎えた 77 歳。子供の頃の大きな出来事と言えば、昭和 28 年の台風 13 号と昭和 34 年の伊勢湾台風。前者は小学校３年、後者は中学３年の時であった。住んでいたのは野田町の西馬草集落。

盆前の掃除は、子供だけだったのか、家族と連れ立って行ったかは定かではない。どこの家にも子供が多くいたので、掃除は子供がするものとの暗黙のしきたりがあったようにも思える。お墓掃除は、墓石は勿論のこと、その周辺の草取りから落ち葉等の掃き掃除、囲いとなっている樹木の枝切り等、半年に一度の大掃除に時間をかけ、最後にミソハギ（禊萩）の花を飾って終えた。

お盆初日の８月 13 日の夕方。どこの家でも家族そろってお墓参りに出かけた。お墓へ続く道々は人で埋め尽くされ、家族同士のにぎやかな会話が弾んだ。お寺に着くと、先に本堂に上がって阿弥陀如来様にお参りし、次に斜面の細道を登って高台にある自分の家のお墓に足を運んだ。墓前に立つと家から持ってきた蝋燭と線香を灯し、拝礼の準備が整うと、全員そろって手を合わせた。家に戻ってからは、仏壇の前に全員が座り、御文様の読経を済ましてから晩御飯となった。

「門徒もの知らず」と揶揄されるように、浄土真宗とりわけ大谷派は仏教作法に疎いと言われる。仏教への信仰心が薄いわけではなく、祖父母は毎朝仏壇に「御飯様」を上げ、手を合わせるのが一日の始まりであった。集落の檀家では一年の最大行事である報恩講が近づくと、子供たちは年配の年寄の家へ集まって、経読みの稽古に励んだ。報恩講が開かれている間は寺に泊まり込んで、朝昼の勤行に臨んだ。集落内では神様を敷地内に祭っている家は稀で、仏様一途の地区とも言える。

「墓参りは盆と正月だけ」。当時大人が仏花を持ってお墓参りに出向くことはなかったが、長年の習わしがそうさせたからであろう。もう一つは、戦後の復興期、朝から晩まで農作業に追われ、とてもではないがお墓参りの時間を持ち合わせていなかったとも考えられる。

しかし、ふだんはお墓など見向きもしない集落であったが、近年は仏花を携え、競ってお墓参りをするようになった。時間にゆとりが出てきたためだろうか。私も一念発起し、長女からの「じいちゃん、お墓のハナ子さんが喜んでいるよ！」の電話を待つこととする。

## 楽しい思い出がいっぱい

河辺　秀嗣（仁崎町・昭和26年生）

古希を過ぎた昨今、よく小学生頃の出来事が思い出される。私の生まれ育った仁崎は80軒余の集落で、東、南、中、浜辺の４つの瀬古に分かれており、瀬古の仲間と群れて遊んでいた。そこでは、上級生が大将となって、私たちにいろいろなことを教えたり、指示をしたりしていた。真っ先に思い出されるのが、隠れ家（秘密基地）のことだ。

下校中に「家に帰ったら、リスに集まれ」「ウシで遊ぼう」などと指示が出る。隠れ家に入るときは、「ウシ」「リス」などの合言葉を言う。リスの隠れ家は、大木の枝に板を渡して作った。縄梯子もあった。ウシの隠れ家は友達の長屋の２階に作った。１階には牛が飼われていたが、梯子で２階に上がり、藁の束で作ったトンネルを潜ると隠れ家にたどり着いた。また、仲間との連絡に使った竹笛は、いつも持ち歩いていた肥後守（小刀）で作った。今も近所を歩くと、この木の上で、この建物の２階でと、懐かしい思い出が浮かんでくる。

魚捕りではバケツと竹箕（たけみ）を持って、水路や五十鈴川に行った。上級生が下流に竹箕を置くと、私たちは水草の中を足でかき回しながら、魚を竹箕まで追い込んだ。たくさん入ると、上級生に褒められた。水路は養魚場に流れ込んでいたので、雨降りの翌日には、水路に上ってきた大きなフナやコイが捕れた。五十鈴川では、南瀬古と中瀬古の子が一緒に石を積んで川を堰き止め、上流から竹箕に追い込むと、フナやドジョウ、時にはアユも捕れた。捕れた魚は、大将がそれぞれのバケツに入れてくれ、大喜びで家に帰ったのだが、その獲物をどうしたのか思い出せない。

夏には大将の家に集まり、泳ぎに行った。当時は、仁崎海水浴場はなかったので、遠浅の海岸で泳いだ。浜では大人が漁具の手入れをしながら、私たちを見守ってくれていた。時には、上級生が私たちを背の立たない所（4～5m沖）まで連れていき、岸に向かって泳がせた。必死で泳いだが、塩水を飲むことも多々あった。休み時間には、一人一人が家から持ってきたトマトやキュウリを海水で洗って食べた。美味かった。

この他にも、アケビ採りや椎の実拾い、缶けり・巡泥（警察と泥棒）・エスケンなどの遊び、竹の刀を作って他の瀬古との戦争ごっこ、ハトやスズメ・野ウサギ捕り等々、楽しい思い出が次々と浮かんでくる。

## 浜辺の思い出

鋤柄　高継（野田町・昭和29年生）

小学生の頃、夏休みといえば、ほぼ毎日海に泳ぎに行っていた。自宅は三河湾の海から少し駆け上がった所の集落の中にあり、家から駆け下りると子供の足でも２～３分で砂浜にたどり着いた。

海パン一丁にサンダルを履いて、水中メガネ、時には浮き輪を持って、親は誰も付いてこない。１年から６年までの通学班の仲間たちと、帰りもまとまって帰ることが当たり前のルールだった。上が下の子の面倒を見、下は上から良いことも悪いこともみんな教わる。

当時はまだ松並木が海岸に沿って植わっており、護岸には大きな御影石が座っていたような気がする。砂浜は今より広くて長く、砂浜を走って海水にたどり着くまでに熱さで足の裏が焼けた気がする。

浮き輪を使うようになったのも、小学生の後半だったかと思う。それも大型トラックのタイヤチューブの黒くて太いものが人気があった。泳ぐというより、水中メガネを付けてもぐり、カニや魚や貝や海の珍しい生物を捕るのが面白かった。

この時代の海はとてもきれいで、水が澄んでいて、魚種も豊富だった。キス・メゴチ・ハゼは今でもいるが、ベラ・ノソ・ワガ・グレ・ゴンズイなど、潜れば水中メガネを通して普通に見られた。時にはモガニを10匹位捕り家に持ち帰った。自分が水風呂を浴びている間に、祖母が茹でてくれていた。赤く茹で上がったカニを縁側の涼み台の上で食べた。スイカも食べ放題にあった。こんな暮らしが毎日繰り返された夏休みだった。盆を過ぎると親から盆ザメが来るぞ、と脅かされた。その月末には残った宿題の山が待っているのも忘れて…。

三河湾といえば、現在でもそうだが、“にが潮”というのが時々発生した。失敗談として思い出すのは、小学生のある時、白谷海岸方面で大規模な“にが潮”が発生したという情報を聞き、同級生の友人と二人で自転車に乗って出かけた時のことだった。幸運にも子供でも大量の、たぶんノソ（アイナメ）やワガ（カサゴ）やコチ（マゴチ）やカレイなどだったと思うが、とにかく捕れた。遅くなってしまったので、あわてて自転車の荷台に括り付けて、舗装もしてない海岸通りの道をこいで帰った。家に着いて荷台を見ると、紐がほどけたか、袋が破れたか、魚が全然いない。途中の道へばらまいたらしい。家族からは、心配したと叱られるし、獲物はいないし、泣けそうだった。

## 高松での幼少期の記憶に残る出来事

本田　泰敏（高松町・昭和25年生）

### 小学校低学年時の日々の遊び

学校の授業が終わると午後３時過ぎから、自宅東の道路に近所の男子が集合。暫し遊んだ後に谷倉の海岸へ出かけた。

大勢の大人が手漕ぎの船に網を載せ、太平洋へ漕ぎ出す様子を見ながら浜辺で遊んでいると、30分位で網をかけ終わる。牛を使って２か所同時にロープを引きながら網を巻き上げる。目の大きい網から段々と細かな網に変わると、イワシやコノシロ、カマスなどの小魚が網にかかっている。サバの大群にあたると、直径１m、長さが10m以上の蒲鉾状の袋網はサバでいっぱいになる。打ち寄せる波の力を借りて、大勢の男衆が袋網を陸の方へ転ばしながら波の来ない安全な所へと移動させた。閉じてある網の紐を解くと、大きなサバを中心に大漁である。この時は青年団の健脚者が八柱神社へ魚を奉納するために、魚を背負って走って行く姿を度々目にした。獲れた魚はどのように売り買いしていたかの詳細は不明である。

荷揚げのため浜で獲れた魚を牛に曳かせた大八車に載せ坂道を駆け上る。道の傾斜がきついので、トロ箱等から大切な魚をこぼしながら高台へ行く。子供たちは大八車の両脇に陣取り、こぼれ落ちた魚を拾って自宅に持ち帰った。落ちた魚は拾った人のものという暗黙のルールがあったのも斬新だった。おかずの乏しい時代にあっては、新鮮な魚が夕食のおかずの足しになったのである。

### 伊勢湾台風の被害

昭和34年９月26日に、伊勢湾台風が紀伊半島に上陸した。我が家は父親が町役場に勤務していたため、台風襲来時は小学４年の長男の私に留守は任されるのが常だった。母親と２歳年上の姉と３歳下の弟の４人で、平屋建ての古い家で生活していた。25日の夕刻から風と雨が強くなり、夜半には猛烈な風と雨に襲われた。事前に雨戸等は釘で止めていたが、強風で雨戸が吹き飛びそうになり、皆で畳をはずして抑えていた。午後10時前に消防自動車が巡回に来て、近所の頑丈な家に一時避難した。

翌朝いつもより早く起きて外へ出て付近を見回ると、前日とは全く異なった風景があった。直径50㎝以上の大木が道路になぎ倒されていて、人も車も通れる状況ではなかった。幸い家は無事だった。秋の収穫時期を直撃した台風で、大量に落ちていた柿の実を拾い集めた。後で大変な被害状況をラジオで知った。名古屋で多くの人が死亡したとの新聞記事を目にした。

**大正池での水泳**

田舎の学校にはプールがなかった。水泳の練習は太平洋で水浴びをする程度。いつも大人が海で漁をしていたので、漁をする大人の横で安心して遊んでいた。

安全な水泳は、水のきれいな大正池（今の豊川用水の調整池）で楽しんだ。泳ぎ終わると、池の西側の開けた山に入り、太平洋戦争の遺跡として残ったトンネルへ肝試しに行くこともあった。トンネルの中は薄暗く、中へ進むと空気が冷たく感じられた。さらに奥へ進むと、不意の侵入者にびっくりしたコウモリが飛び出てきたので、中学生と小学校高学年の児童はトンネルの出口へと我先にと一目散に走った。

**豊川用水の幹線水路の敷設工事**

昭和 43 年の全面通水に向けて幹線水路を築造するために、我が家の田んぼの 50m 東側に仮設道路ができた。ブルドーザーやヒューム管を積んだトラックが、稲刈りの終わった水田の仮設道路を頻繁に行き来していた。

高校生の私は管の太さに大変驚いた。管の直径は３m余、車が管の中を走れる程の太さがあったと思われる。

数年前に、豊川用水幹線水路の地震補強工事で、ヒューム管を鋼管で補強することになり、竪穴を掘削するために再度掘り起こされた幹線水路を見学する機会があった。

当時の状況が思い起されるとともに、渥美半島の農業に革命を起こした近藤寿市郎翁の偉業を再認識する機会を得た。

私の住む谷倉の隣りの東脇の農村公園に「近藤寿市郎生誕の地」の碑がある。

私の祖父の竹次郎（明治７年生まれ・昭和 21 年没）は、近藤さんと志を同じくし、祖父は高松村長。寿市郎さんは衆議院議員・豊橋市長と活躍。高松地区の発展に互いに尽力した。

昭和 26 年、近藤寿市郎さんが亡き竹次郎に揮毫した直筆の掛け軸は、本田家の家宝である。「東三沃野灌漑緩田稲
歳々憂日旱　鳳峡堰堤湛深碧国営水利期
増産　昭和七年大規模国営発墾豊川水利
事業建議提案之作南洋」がある。父から先代からの繋がりも含めて伝え聞いている私は、豊川用水通水の偉業を当たり前と思わず今後も地元の子どもたちに伝えていきたい。

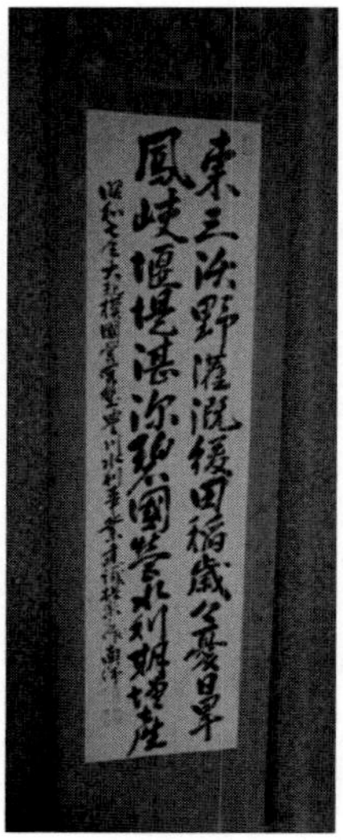

とうさんよくや
かんがいゆるく
でんとうさいさい
ひでりをうれう
ほうきょうえんてい
しんぺきをたたえ
こくえいすいり
ぞうさんをきす
＊南洋は、近藤寿市郎の雅号

## 歩いてきた時代のサブカルチャー
## ーマンガ、アニメとともにー

**大羽　清隆（高松町・昭和 29 年生）**

今でもアニメやマンガが大好きだ。その原点は小学生の頃まで遡る。今考えればマンガやアニメと素敵な出会いがあったからだと思う。マンガ版「焚書」の時代を乗り越え、手塚治虫を初めとする先駆者のみなさんのお蔭で今がある。

**少年マガジン、少年サンデーの時代**

昭和 34 年少年週刊誌が発刊された。本格的なマンガの時代の幕開けである。その頃、マンガの本は田原市内まで出なければ買えなかった。小学校の同級生井上君はよくマンガを買っていた。それを井上君の家で読むのである。みんなでむさぼるようにして読んだ。借りてきて読んだこともある。そこが原点である。魅せられてしまった。まだまだマンガは世間からは認められていなかった。

・おそ松くん、8マン等が気になった

**テレビアニメの時代**　　鉄腕アトムのテレビ放送が始まったのは、昭和 38 年。1 週間に一度の放送は当時としてはかなりの無謀な挑戦であった。近所の中川さんの家にテレビを視にいった。近所の人たちも来ていた。席は特等席であった。

・スーパージェッター（昭和 40 年）、8マン（昭和 38 年）が気になった。

**中学校時代**　　この頃心を動かされたのは、「あしたのジョー（アニメは昭和 45 年）」と「巨人の星（アニメは昭和 43 年）」であった。よっぽど気に入っていたようだ。年賀状が取ってあった。マンガが大好きな井上君・伊藤君からの年賀状は、50 年以上経っても持っている宝物である。

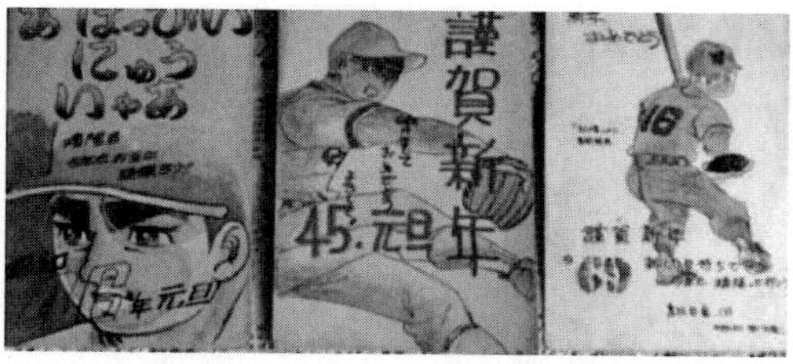


**高校・大学時代**　　高校時代は美術部に所属し、大学は美術科へと進んだ。マンガやアニメの話ができる友達が沢山出来た。上村君は、卒業制作にアニメーションを制作していた。一こまずつ写真に撮って動かしていた。漫画を描き、ゾロスコープを使って動く工夫もしていた。

**50 歳代　再び漫画に出会う**

名古屋で開かれたちばてつや氏の展覧会に行った。その時、あしたのジョーの原画を見て衝撃を受けた。これほどまでに表現力があるのかと。以来、様々なマンガ展を観に行くようになった。

川崎のぼる展が田原博物館で開かれた。本人が来るというので会いに行った。川崎氏は、希望する一人一人にサインをしていた。予定された時間を超えても星飛雄馬の顔を描いてくれた。

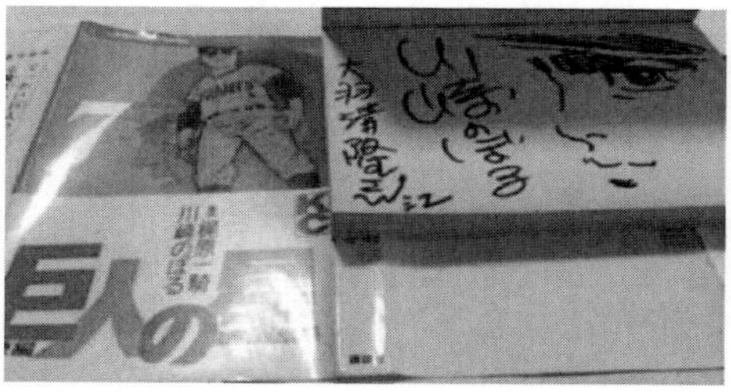


**終わりに**　　マンガやアニメは苦難の時を越え、一大文化となった。ルーブル美術館は、漫画アニメを№.9 とし、芸術の一文化と認めている。

## その頃の高松

福井　恒芳（高松町・昭和29年生）

幼少期の夏は、金太郎の腹当て一つで過ごし、冬になると、綿入れ半纏の着物を着せられ、お櫃（ひつ）を入れる藁で編んだ入れ物に入れられていた。

私は高松保育園に３年間通った。友達の３分の１ぐらいは、２年保育のようだった。家を出る時には、ど真ん中に梅干一つが入ったアルミ製の弁当箱を紺色の布袋に入れて肩にかけ、反対側の肩には、テルテル坊主のハンカチを下げた。冬になると、給食室でお弁当を温めてくれた。遊戯や紙芝居が楽しみで、幻灯機にはみんな大はしゃぎで見入っていた。

昭和34年に伊勢湾台風が上陸した。消防団の警備で父が家を空けていたため、母親と兄弟３人で過ごした。弟は7月に生まれたばかりだった。祖父母と屋根裏部屋に避難し、自転車にも取り付けることのできた桝形の乾電池の明かりが頼りだった。大風が吹く度に家が揺れて柱がきしんだ。幸い我が家は被害もなく無事だったが、いつも遊んでもらっていた近所のお兄さんの家が倒壊し、お兄さんは独りぼっちになってしまった。台風が過ぎ、しばらくして保育園が再開したが、友達も来なかった。隣りの公民館の屋根は全部飛ばされ、一部が保育園側に落ちていた。その屋根の釘を何とか抜き、地面に絵を描いて遊んだことを覚えている。

高松小学校の運動場の南側には、石垣の土手があった。桜の老木が何本かあり、入学式の頃には満開になった。

給食は、コッペパンとおかず、脱脂粉乳だった。脱脂粉乳はまずかった。今の子どもたちはきっと飲めないと思う。そのお陰でどこに行っても、まずくて困ったことがない。給食の残飯で豚を飼っていた。先生の宿直用の家もあった。

運動会は、青年団、消防団、婦人会なども参加し、地域の一大イベントであった。脇道には露店がずらりと並び、お祭りのようだった。徒競走も騎馬戦も裸足だったので、足の裏が痛かった。3年までは11月初めで少し肌寒かった。

２年の頃、テレビが近くの鍛冶屋さんに入った。大人や子どもが集まったため、作業をする土間から居間のテレビがちらちらと見えた。力道山のプロレスを初めて見た。東京オリンピックやアポロの月着陸の様子は、どこの家も自宅で見られるようになった。

葬式は３、４年生頃まで土葬だった。

同行（近くの組仲間）の２人が、棒を使って棺桶を担い、和尚さんがお経を唱える行列が進んだ。一番前と一番後ろは花籠で、花籠は竿の先で頭の上に掲げた。辻々に来ると竿を回して、おひねりの１円玉やキャラメルをまき、行列をお墓まで進めた。

学校の帰り道に知り合いの牛車が通ると、先にランドセルや手荷物を牛車に乗せ、動いたままの牛車に飛び乗り、帰ったこともある。

バスは運転手と女の車掌が乗っていた。車掌は大きながま口バッグを前に下げ、買った切符にハサミでパチパチと穴を開けて渡してくれた。

県道（今の国道42号）は砂ぼこりが舞い、雨が降るとあちらこちらに水溜まりができた。赤羽根の交差点の所がコンクリートで唯一舗装されていた。

中学２年生の時、友達と自転車で下校中に、赤羽根農協を少し過ぎた頃、タクシーに抜かれた。後ろの席からメガネとベレー帽のおじさんが、後ろを向いて何度も手を振ってくれた。友達と「誰だろう？」と話していると、鉄腕アトムの手塚治虫さんと気づき興奮した思い出もある。

伊勢湾台風が去った後の高松保育園（田原市博物館提供）

## 赤羽根あれこれ

鈴木　孝久（赤羽根町・昭和 29 年生）

### 小学校時代

昭和 36 年に赤羽根小学校へ入学した。木造の瓦葺き校舎だった。トイレも汲み取り式で、学習する環境としては今と比べても決して良いものではなかった。

当時校舎の廊下の数か所に小さな穴が開いており「何の穴だろう？」と思い、先生に訊くと「この穴は戦時中、米軍の飛行機が空襲で攻撃して来た時、機関銃で撃った弾が貫通した跡だよ。」と教えてくれた。当時は戦争がまだ「遠い昔の出来事」ではなく、特別に驚くこともなかったように思う。後日学校の中庭を掃除していた時、少しさぼって廊下の下にもぐってふざけていたら、本物の弾丸が出て来て銃撃が立証された。

もう一つ記憶に残っていることがある。当時グラウンドの東西二つの隅に幹の太い松の木が２本あった。東側の松の木の幹にトタンの破片が 30 ㎝ほど食い込んでいた。これも気になり先生に「こんな所に何で破片が入っているんですか？」と訊くと「昭和 34 年の伊勢湾台風で、学校の南に立っていた物置小屋のトタンが風で飛ばされ松の木に突き刺さったものだよ。」と教えてくれた。この時、伊勢湾台風の威力が凄いものだったと感じた。

### 遊び盛り

小・中学校では、海に山へと自然を相手に飛び回って遊んだ。現在の子供たちはテレビゲームに代表されるように家に閉じこもる遊びくらいしかないが、当時は創意工夫をして、いろいろな遊びを作り出し、元気に活動した。学校から帰ると、直ぐにカバンを投げ出して、主な遊び場であった神社の境内や海岸の砂浜へ直行したものだ。砂浜では三角ベースの野球、神社の境内では「めんこ（通称“ぱんきー”）」「ビー玉」で遊んでいた。山や森では「アケビ」「グミの実」などを採った。

「海岸では遊んではいけない」というような規制もなかったので、子供たちは自由に自然と遊びを謳歌できたと思う。

### 海物語

今でこそ、海岸へ足を向ける人は少ないが、昭和 30 年代は赤羽根町も半農半漁の家庭もあり、当時の海岸では常に人の姿を見ることができた。漁船も砂浜に置かれていて、その上に乗って遊びもした。また、魚獲りの網の破れを修繕しているお年寄りの姿も見られた。

海岸へ降りる坂道の手前に魚の加工場があり、大きな鉄釜で「シラスの釜揚げ」を茹でていた。加工場の横には茹でたシラスの天日干し場所があった。茹で上がったばかりのまだ湯気が出ているシラスが干してあると、少し拝借して口に入れたものだ。あの時の味は忘れられない。

## 暖かい気候とお花畑

伊藤　博文（若見町・昭和23年生）

東西にのびる渥美半島には、大山を中心とする200〜300mの山々が半島の中央部に横たわり、北風を遮っているため、冬でも氷が張ったり、霜が降りたりすることはめったにない。

とりわけ和地から若見にかけては暖かく、人々は「温暖な気候」を利用して露地花の栽培を行ってきた。なかでも若戸小学校の南は露地菊の畑が広がり、『お花畑』として、訪れる人々の目を楽しませてくれていた。

### 栽培の歴史

いつ頃から露地菊栽培が始まったのかは、はっきりとした資料はないが、若見町の小学校の西に『花愛さ』と呼ばれる家がある。今の主人（70代）のおじいさんにあたる人が「伊藤愛藏」と言い、菊を買い付けて名古屋に送っていたため、こう呼ばれるようになったらしい。大正の頃で、人々は桑を作り、カイコを飼っていた時代である。愛藏さんは花は作らず、農家が作った花を畑ごと買い取り、使用人を使って切り出し、出荷していたようである。

温室を作るには資金が必要なため、容易ではなく、農家はサツマイモや麦を作っていた。小学校の南側は小山が北風を遮り、南斜面は日当たりがよいため、露地菊栽培に適していた。露地菊と言えば、現在は「仏花」だが、昭和30年代に入り、生活向上とともに花を愛でるようになり、値段も手頃な露地菊の需要が高まった。キンセンカ、キンギョソウ、ストック、ナノハナ（ナバナ）、ルピナス、小菊、リアトリス等、赤やピンク、黄、白、紫、橙など、色とりどりの花が咲き乱れていた（「咲き乱れていた」のは花の値段が安い時で、高値の時はつぼみのうちに出荷していた）。出荷先は、「名花」「花兼」「名古

若戸のお花畑（田原農業改良普及課提供）

正」「福花園」「所」等の名古屋の生花卸売業者５社が中心だった。父はたまに「新潟」にも花を送った。雪国では花は貴重品であり高値で売れたが、トラックが雪で市場まで行けなかったり、花が凍ってしまったりして、売れない時もあった。

**昭和 40 年代のお花畑**

昭和 40 年代に入り豊川用水事業に伴う構造改善事業が始まると、耕地の区画が広くなり、水が自由に使え、温室の建設にも低金利の貸付金がもらえるようになり、農家は収益性の高い電照菊の栽培に主力を置くようになった。そのため、露地菊栽培への意欲が徐々に低下していった。しかも、若戸小学校前に畑を有する農家は、元の畑の区画が狭いうえに、農道の建設に土地を取られたり、場合によっては小学校前の畑を失いかねない不安に駆られたりして、若戸小学校前の耕地整理に強く反対した。

さらに、高度経済成長により他産地がビニルハウスを使って高品質の花を出荷するようになると、渥美の露地菊の価値は低下し、露地菊の需要の中心は「花が咲いていればよい。安い方がよい」という『仏花』に移っていった。

小学校前のお花畑が最もきれいだったのは、お彼岸後の４月の初め頃で、観光客が車を止めて写真撮影をしていた。こうした風景は昭和 60 年代の初め頃まで続いた。小学校前の畑や温室で仕事をしていると、新聞社やラジオ局が取材に来たり、観光客が『お花狩り』をさせてほしいと言ったりしてくる時もあった。

昭和 45 年頃の私の家では、キンセンカとストックを中心に栽培し、補助的にナノハナを作っていた。ナノハナは手間いらずで、花を一本一本切らず、すべての花を一気に鎌で刈り取り、家で選別して出荷した。商品にならない物は捨てていた。

私は春休みになると帰省し、出荷の手伝いをした。「今日一日分の儲けをおまえにやるで…」と言われ、切り出しから下葉取り、結束、荷造りと、親子３人で働いた。値のいい時には、市場から「ニヲオクレ」と電報や電話が入った。一日の売り上げは、少ない時でも２か月分の仕送り額を超える儲けがあった。電照菊では、初任給の１か月分の給料なみの売り上げがあった。

**昭和 60 年代のお花畑**

昭和 60 年代に入ると、それまでの 50 坪の木造温室に代わって、１棟が 200〜300 坪のアルミ温室が建築された（アルミ温室になる前に、一時期鉄骨の温室が建築された）。収益性の高い電照菊の周年栽培が経営の中心になると、露地菊の栽培から撤退する農家が多くなった。農協も集落ごとの集荷場を廃止し、露地菊の取り扱いをやめたため、高齢者による露地菊の生産も一気に減少した。

生産の減少や品質の低下は、生花市場存続にも影響し、平成 22 年には名古屋の卸売業者５社は過当競争を避けて合併し、『名港フラワーブリッジ』となったため、露地菊の魅力は一層なくなり、若戸小学校の南側の畑にはススキが生い茂り野生化してしまった。

## メジロ捕り

伊藤　博文（若見町・昭和 23 年生）

私の小学校時代の１年間は、おおむね次のような遊びをしていた。

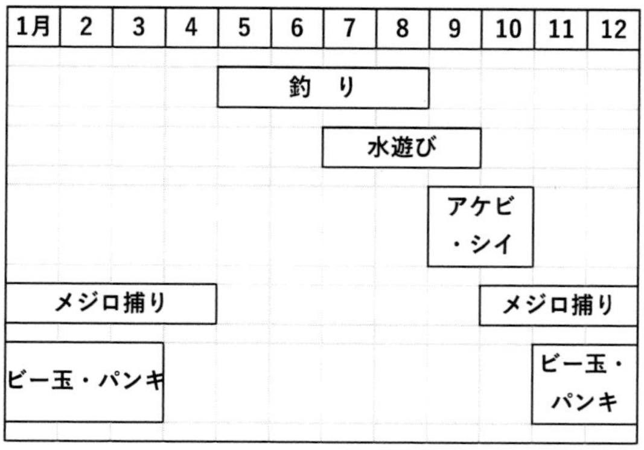


小学校時代の冬は、メジロ捕りとビー玉やパンキ（メンコ）に明け暮れていた。

10 月になると、たくさんのメジロやヒヨドリが群れをなして飛んできた。「空一面を覆うほど」と言っても過言ではないくらいだった。４月になると人里近くまで下りてきたメジロも、いつの間にかいなくなっていた。

私の家には直径 20 cm、高さ４ｍほどのヒサカキ（インクモモ）の木があり、冬になると枝いっぱいに大粒の黒い実がなった。この実はメジロの大好物で、実を食べにメジロがいっぱいやってきた。20 羽ほども来ただろうか。これを捕らえて飼うわけである。最近でもメジロがミカンを食べにやってくるが、せいぜい４羽か６羽（２～３つがい）である。

メジロはスズメよりも一回り小さく、緑色の羽で覆われている。くちばしの下は黄色で、名前のごとく目の周りは白い色をしているきれいな鳥である。普段はチッ、チッと短く鳴くが、仲間を呼ぶ時はチー、チーと大きな声で長く鳴く。チーチュと二声で鳴いたり、キリキリキリ…と鳴いたりすることもある。

メジロ捕りの技は、近所の３歳ほど年上のＹさんやおじいさんから教えてもらった。一緒にメジロ捕りをしたのは一つ年下のＹ君である。たまに同じくらいの歳の子が付いてくるが、冬の藪の中でじっとメジロが来るのを待つことは苦痛だし、片手にトリモチを塗った 70～80 cmの竹を持ち、片腕と両足でモッコクやクロバイの高い木に登ることができないので、仲間にはなれなかった。

メジロを捕るには、まずトリモチを作らなければならない。トリモチはモチノキの皮を石で叩いて剥ぎ、その皮を細かく丹念に石で叩いて作る。手や石に常に水をかけないと、べたべたとそこらじゅうにくっついてしまう。真冬に水を扱うので手が凍りそうになるが、我が家では井戸水を使っていたのでそれほど苦痛ではなかった。モチノキにはモチがたくさん採れる木とそうでない木があり、クロガネモチの皮からはトリモチは採れない。

とにかく、初めの１羽を捕まえることが大変だった。１羽捕まえれば、竹ひごでできた竹籠におとり用のメジロを入れ、おとりが仲間を呼ぶことを利用して新しい鳥を捕まえた。おとりがあれば、高い木に登らなくてもよくなる。そんな危険を冒すのなら、１年間餌を与えて飼えばいいのだが、当時は４月になれば、せっかく捕らえたメジロを「みんなと一緒に山に帰れよ。」と言って放してやった。釣りや水遊びが待っているし、夏場にはメジロの餌もないし、暗黙の内に放してやるものと決まっていたからである。田原へ行けば、練り餌を売っていたらしいが、お金もないし、田原は生活領域を越えていて、バスで田原まで行く勇気がなかったからである。

10 月から 12 月ごろにトリモチにかかったメジロは暴れて、トリモチが羽にべたべたと付く。羽にトリモチが付いたメジロは竈（かまど）の灰を塗ってトリモチを取り除いた。２月から３月になると、メジロも学習をし、トリモチにかかっても暴れずにくるっと回転をしてじっとしている。するとトリモチは足の裏に付いているだけなので、メジロの体重で外れてしまう。勇気があり頭のよさに感心してしまったものである。１月になると、５～６羽のメジロを捕らえていたので、（きれいな色の鳥や声のよい鳥を残し、後は逃がしてやった）リンゴ箱に金網を張り、主にサツマイモをふかして与え、水が切れないように気をつけ、時々夏ミカンを与えた。次第に興味がなくなってくると、餌や水を与えることを忘れてしまうことがある。長い間餌や水を与えないと、メジロは羽を逆立てて丸くなり、じっとしているようになる。一大事である。餌や水を替え、死なないように一生懸命に世話をした。時には死ぬ鳥もあったので、墓を作って謝った。

前述のように、４月になるとメジロ捕りは終わりである。節分が過ぎる頃から庭や垣根にやってきて、椿の花に頭を突っ込んで蜜を吸う姿を見かけるようになる。椿は下向きに咲いている花が多いので、メジロはアクロバットのようにぶら下がって、くちばしの周りに黄色い花粉を付けて蜜を吸っていた。

中学生になると、メジロ捕りは止めた。「メジロは捕ってはいけない鳥」であるうえ、個人的・趣味的な遊びのため、大勢で遊ぶおもしろさがないためだと思う。

今でも私が皮を剥いたモチノキに出会うと申し訳ないことをしたなあと反省している。

## 大きな背中に包まれて

本田　雅彦（亀山町・昭和29年生）

中学年の頃、ＴＶで「忍者部隊月光」や「少年忍者風フジ丸」が放送された。

いわゆる「忍者」という存在が目の前に初めて登場し、私（達？）の心を虜にした。そんな折、学校の始業時刻は変わらないのに、忍者の登場によって集合時刻は30分繰り上がった。「７時半集合だよ。」班長の鶴の一声だった。

集合場所は私の家だった。家の前には山があり、格好の訓練場だった。そこで忍者の真似をして（いや、忍者になってと言った方がいいかもしれない）訓練をするのである。「シュシュ。」と声を出しながら手裏剣を投げる振りをし、班長の後を忍者走りで駆け抜ける。仮想の敵を倒してから、次に２本の木に両手、両足をかけ、どこまで登れるか挑戦した。私はやや間隔の狭い木を選び、両手―両足―両手―両足と跳び上がるように登っていく。すると比較的高いところまで登れた。「やったー。」快感を覚え、友達に自慢したのを覚えている。

家の前の山（当時は竹が殆ど無かった）

30分ほどの訓練が終わるとやっと学校へ出発する。木にうまく登れた時は、「今日はいいことがあるぞ」と元気よく通ったものだった。

小さい時から土曜日、日曜日はソフトボールで遊んでいた。「昼から砂場へ来いよ。」班長は低学年にも声をかけてくれた。今の農業屋の奥が小高くなっていて、中ほどに広い砂地があった。小さい子はそっと投げてくれたボールや、時にはゴムボールを、辺りにあった太い枝で打った。素足で砂地を踏む心地よさとともに、ボールを素手で捕る瞬間にさっと引くことやソフトボール自体の面白さを、班長や上級生がみんなに教えてくれた。

高学年になると、ソフトボールの会場は私の家の前を少し上がった山裾の平地に替わった。砂場は松が占領し始めて遊びにくくなり、反対に凸凹だった山裾がいつしか平らになっていたからだと思う。そこに小さい子も大きい子も集まって練習や試合をした。砂場と違って思い切り打ってもボールは無くならないし、裕福になったのか、みんなグローブをはめ、本物のバットで打つようになった。

昔も今も大きな子が小さな子の面倒を見ながら遊ぶ。小さな学校だからこそできたことだ。そうした縦集団の中で多くのことを学んだ。小さかった私には、班長や上級生の背中がとても大きく見えた。

## サツマイモの集荷場

三竹　清一（中山町・昭和 29 年生）

家の近くにサツマイモの集荷場があった。一反（991.7 ㎡）ぐらいの広さで、隅には三畳ほどの小さな事務小屋が、一つだけぽつんと建っていた。

この集荷場の広場は、子供たちにとって、格好の遊び場であった。低学年から高学年まで、みんなよく遊んだ。追いかけっこや石けり、高学年になると野球の仲間にも入れてもらえて、本当にうれしかったことを思い出す。テレビで観る王選手や長嶋選手のプレーを夢見て、高学年は特に野球に夢中であった。

当時、グローブは貴重品であった。先輩から代々引き継いできたみんなのグローブは大切なもので、下っ端には簡単には使わせてもらえなかった。もっぱら素手でボール拾いをしていた。高学年になって、やっとグローブを使わせてもらえたが、グローブはどれも年代物でぐにゃぐにゃであった。自分のグローブを持つことがあこがれであった。親に「みんなが持っているよ」と言っては何度もねだった。やっとのことでグローブを買ってもらった時には、うれしさのあまり、いつも枕元に置いて寝た。学校から帰ると急いで集荷場の広場に行き、仲間とキャッチボールをした。グローブは常に肌身離さず持ち歩いた。グローブには革クリームを塗って、手入れを楽しんでいた。

ところが、実りの秋になると、この遊び場が一転する。見上げるほどのサツマイモの山となる。畑で収穫されたサツマイモが次々に運び込まれ、屋根よりも高く積み上がり、集荷場の広場を埋め尽くした。広場は、澱粉工場に運ばれるまでの仮置き場であった。

子供たちは、広い遊び場を取られ、野球もできなくなり、行き場がなくなり、仕方なく新たな遊び場を探した。ある時は、集荷場近くの納屋を遊び場にした。大人たちに見つからないように、テレビで見た二十面相や探偵団を思い出しながら納屋に忍び込んでは秘密基地を作った。しかし、長くは続かなかった。すぐに大人たちに見つかっては叱られ、しまいには、泣く泣く探偵団も解散した。

遊び場がなくなると、それまでのようにみんなで集まることが少なくなり、何やらごそごそ、一人や二人で悪さをして遊んでいたように思う。見つかっては叱られるのだが、サツマイモの山の上までよじ登って遊んだりもした。当時、テレビの忍者の漫画が面白く、小さな手裏剣や大きな風魔手裏剣が話題であった。先輩が手作りした手裏剣や鉄砲を見た時には自分もまねて作り、その威力を試した。悪いこととは知りながら少しぐらいならとドキドキしながら、サツマイモの山に向けて手裏剣を投げては遊んだ。懺悔。集荷場の広場には、今では大きな倉庫が建ち、農業資材置き場となっている。

## 清水の遊び場

三竹　清一（中山町・昭和 29 年生）

小中山から渥美半島の先端、伊良湖岬に向けて、西ノ浜海岸が伸びている。真っ直ぐに一直線に続く海岸である。その海岸線に沿って、黒松の松林が砂地を覆い隠すように一面に広がっており、地元では西山と呼んでいる。

戦時中には、西山の北外れに陸軍の施設があり、大砲の試し打ちをする射場が置かれていた。現在も戦争遺跡として残っている六階建の所から、伊良湖岬の古山に向けて松林の上に大砲を撃っていたのである。砲弾の飛び方を研究していたという。そのため、海岸線に沿って広がる黒松林一帯には、その時に撃ち込まれた砲弾が、伊良湖岬まで延々と無数に広がって落ちていた。

高学年の頃、この西山の黒松林でよく遊んだ。特に、西山の入り口で、清水と呼んでいた所は、よく遊ぶ特別な場所であった。西山と村の間には、海岸線に平行して天白川が流れている。天白川は、土手で囲まれ、天井川になっており、周辺には田んぼや沼地が広がっていた。この西山の清水に遊びに行く時には、村を出て土手の坂を上がり、長倉橋を渡る。土手を下り、田んぼを過ぎるとしだいにまた土地が高くなり、砂地の黒松林が海岸線まで広がっていた。

清水には、きれいな水が湧き出す池があった。まさに清水の地名どおりで、簡易水道のポンプ施設もあった。

この清水には、黒松林が少し開けた野球のできる小さな広場があった。王や長嶋の活躍をテレビで観ていた子供たちにとって、野球は一番の楽しみであった。秋には家の近くの集荷場で遊べなくなり、仕方なく、自転車でこの清水まで出かけて野球をしていた。

驚くことにこの広場で遊んでいると、時々砂の中から手のひら大の砲弾が出てきた。砂地からちょこんと砲弾が顔を出しているのを初めて見つけた時には、みんな大騒ぎであった。しかし、その後も結構出てくるので、しだいに慣れっこになった。見つけた砲弾は、そっと砂地から掘り出し、松の根元に深く埋め戻して野球を続けた。戦後、砲弾は安全に処理されたはずなのだが、まだまだ砂の中からよく出てきていたのである。

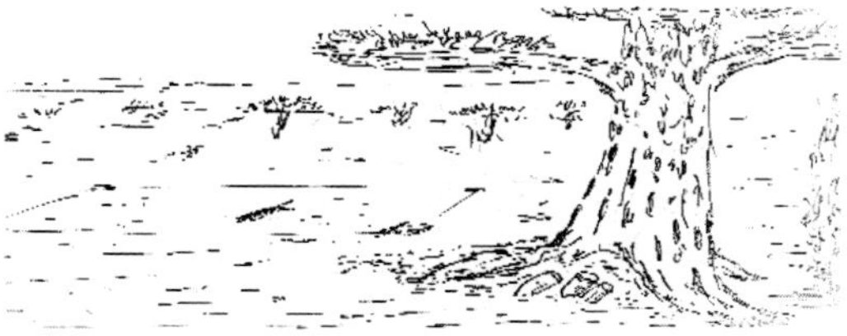

遊び疲れて口が乾くと、この清水の湧水をよく飲んだ。下から砂を吹き上げるように沸いてくる水を手ですくっては飲んだ。乾ききった喉には最高であったが、時には急にお腹がグルグルうなり出すこともあった。何度か必死で走り帰って、便所に飛び込んだことを思い出す。この清水の遊び場は、今はもうない。西山一帯は、大規模な耕地整理が行われ、日本有数の農地に変わった。西山開拓組合も結成され、碁盤の目のように一面に広がっている畑では、豊川用水が完備され、スプリンクラーが勢いよく回っている。

## 川遊びとパチンコ

三竹　清一（中山町・昭和 29 年生）

井戸端の軒下に、長さ一間半ほどの竹製の釣り竿が吊るされていた。小学生の頃、この釣り竿を肩に担いで、近くの天白川に毎日のように釣りに出かけていた。餌は、山羊小屋の土を掘るとミミズがよく取れたので、困ることはなかった。天白川には橋があって、橋の上から釣り糸を垂れると、フナやハゼが釣れた。時には、ウナギを釣り上げたこともあった。

橋の下には、石垣で組まれた水門があった。海から潮が満ちてくると水門が閉まり、海水が水門から川の上流に流れ込まないようになっていた。上流の川の水は、水路に流れ、畑や田んぼで使われていた。水門の下流近くには、漁師が小舟を係留していた。船で川を下ると、海に出ることができた。時々この小舟に勝手に乗って釣りをすることもあった。

小舟の上で初めてゼンキュウを釣り上げた時には、きゅうきゅうと鳴いて驚いたことを思い出す。釣った魚は、ほとんど家で食べた。どんな小さな魚でも、親にねだっては、料理してもらっていた。

川は、楽しい遊び場だったが、水門の近くは急深になっており、危険でもあった。しかし、大人からは、遊ぶなとまでは言われていなかったように思う。水門から上流には拓けた河原があり、ひざ下までじゃぶじゃぶと川の中に入って遊んだ。ヨシの根元に網を入れて、小さな魚や亀を捕まえた。今では河原はなくなり、コンクリートの堤防に変わっている。川遊びをした昔の河原の面影はもうない。橋もさらに高く頑丈になり、西山の畑に向かう軽トラックが行き交っている。

天白川の周辺には、田んぼがあり、川から水路が伸びていた。水路の先には、今では田んぼや畑に変わっているが、昔は沼地や池が広がっていた。ここも思い出深い遊び場であった。

シラサギやカモが飛来してくると、手製のパチンコで狙っては石を飛ばした。遠くまで石が飛ぶように、いろいろとパチンコを改良した。自転車屋でもらってきたゴムチューブを細く割いて、Y 字型のアカメガシワの小枝に取り付けた。川沿いには、加工しやすいアカメガシワがたくさん生えていた。狙いがよく定まるように、枝ぶりの良い木を切り出しては、ナイフで削って形を整えた。友達とパチンコで石を飛ばし合ったが、残念にも一度も鳥には当たらなかった。シラサギやカモはいつもパチンコから距離をとり、彼らの厳重な警戒に勝つことはなかった。

子供の頃、遊び道具は自分で作ることが当たり前であった。テレビで観たチャンバラをするために、木を削って木刀や小刀を作った。竹を割って、弓矢も作った。当時、肥後守という折りたたみナイフが重宝した。肥後守は、遊びには必需品でいつも持ち歩いていた。

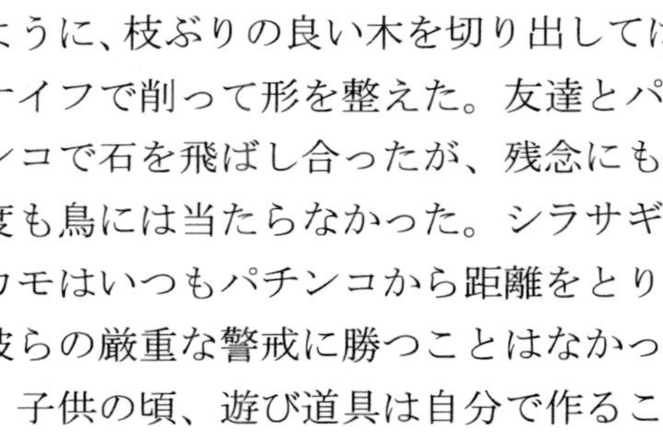

**思い出の遊び場**　（国土地理院 1:25000 地形図『福江』1960 に加筆）

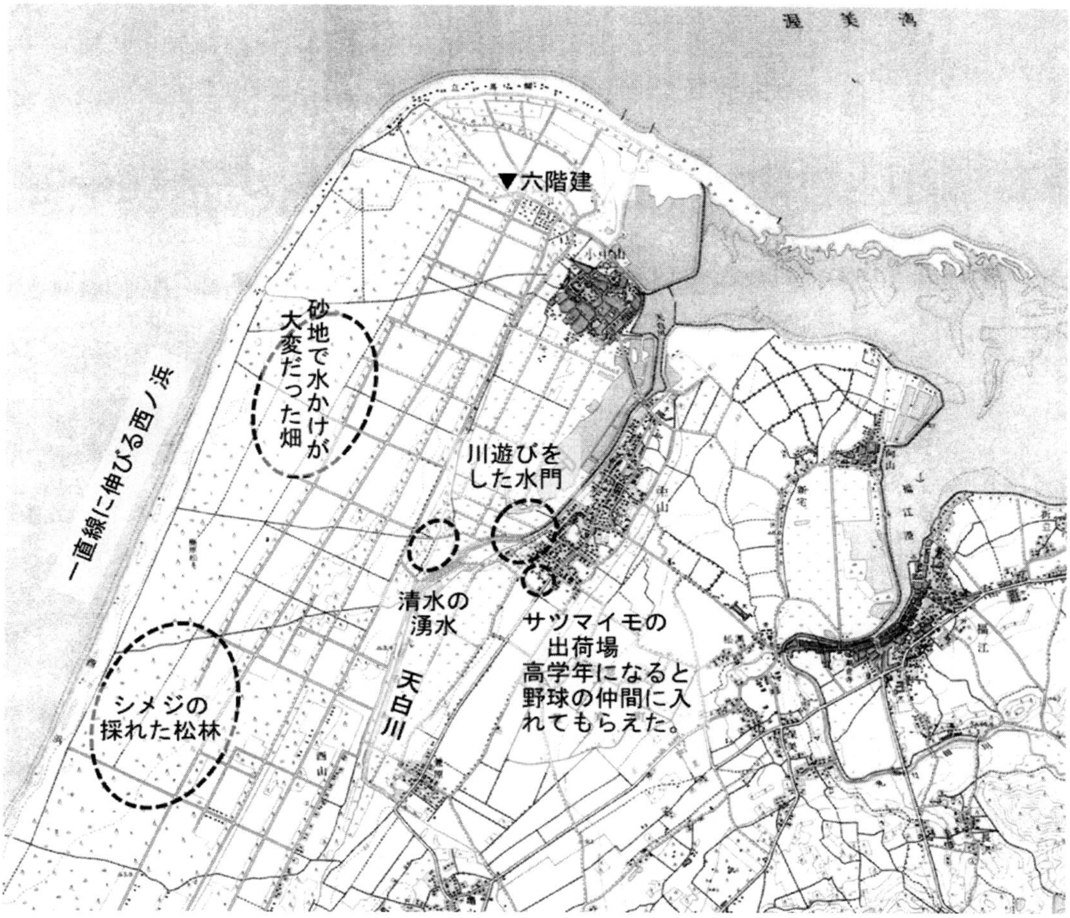

**六階建屋上から福江湾方面を望む（昭和 30 年代・個人蔵）**

## 天白橋を渡るとき

小川　雅魚（小中山町・昭和26年生）

私のこの世における最初の記憶は、昭和28年9月26日のことである。

私は昭和26年12月26日の生まれということなので、このとき1歳と9ヶ月。ずいぶんと早熟な、と思われるかも知れないが、そうではなくて、前日から明け方にかけて台風13号がこの地を襲い、死者5名を含む大きな爪痕を残したからである。

長老（と言っても当時小学5年生）に聞くと、数日前から潮位が異常に高く、満潮時には、今の荷揚げ場も波返しもなく、昭和19年に村の縁を巻くように造られた港沿いの道路に海水が乗り上げてきたという。

我が家はその道の脇にあった。9月25日、急速に発達した台風が接近しているという夕方、危険を感じて、50日後に妹（当時は出産時にしか男女はわからなかった）を出産する予定の身重の母は、よちよち歩きの私を連れて、海から少しでも離れようと、郷中にある叔母の家に避難したのだが、小中山という村は中心部の方が低くて、自宅は床上浸水だったのに、避難先は天井近くまで水が来て、家の中でさらに避難場所を探したという。

私の記憶にあるのは、飯台の脇で祖父の膝の上にいて、カッパ姿の父が三和土（たたき）から慌ただしく何かを告げてまた出ていく、ほんの数秒の映像である。数えの30歳で村の消防の役に出ていた父が、救助活動の合間に村の惨状を告げに家に立ち寄ったものと思われる。そのただならぬ気配のせいで私の記憶に強く刻印されたのだろう。

天白川左岸の、中山小学校近くの堤防が決壊、天白橋も流されて、村は海に囲まれた江戸時代初期の姿に戻ってしまっていた。350年ほど前、名古屋出身の三谷新三郎が私財を投じて開拓するまで、この辺りは入江だったのだ。平安末期には東大寺再建のための瓦が今の初立池あたりで焼かれ、亀山あたりで船に載せられて、この入江を通って伊勢湾を越えて運ばれたらしい。

堤防が修復され、橋が新たに架けられるまで、小中山の住民は福江に、いや隣村の中山に行くのでも西山を回らざるを得なかった。

私の第二の記憶は、祖母の自転車のハンドルに付けられた幼児用の椅子に座って、中山にあった清田医院から、新しい天白橋を渡って帰るときの映像である。今も福江方面から車で帰るとき、天白橋の上で私は必ず右を見て、川面と前方に広がる風景の高さをチェックする。コンビニを通過するとき、今日はボンネット辺りが海面だろうか、あるいは屋根まで没しているかな、などと想像する。橋はさらに一度頑丈そうなものに架け替えられたが、70年近く経つ堤防はコンクリートの傷みが酷くなっている。

足腰が衰え、よたよた歩きになった老いの身には、今度は地震が怖い。

## 出張りで鳴いた『かあか』

小川　悟（小中山町・昭和 29 年生）

村に残っている祭事やならわしには、やっている当人が、意味がよく分からないけれどやっているというものがある。

小中山にある『かあか』もその一つであろう。十月中旬、夕暮れ近くなると、神社の参道に子供たちが並んで座り、かがり火をたきながら木の棒で前に置いてある板をたたき、「お白餅くいたいカーカアカア」と唱える。

参詣人は、米の粉を水で練ってこしらえた白餅を重箱に入れて持ってきて、子供たちに配っていく。「カアカア」と鳴く子供たちは、カラスである。カラスの集団は、氏神を含めて６か所にいて、村人はこれを巡拝する。

カラスは、通常、小学１年生から中学３年生までの男子が行い、その年長者がとりしきる。なぜか私はすぐには参加させてもらえなかった。呼ばれたのは小学校の中学年の頃だったように思う。板をたたく木の棒は、防風林の中へ行って、好みの太さの枝を切って作る。手で持つ部分だけは木の皮を残し、あとは皮をはいで白木にする。かがり火は、松の中でも油を含んだ赤っぽい木（「じん」と呼んでいた）を取ってきて燃やす。これも、防風林から調達する。

私の集団は、八幡社であった。参加させてもらえたことは嬉しかったが、同級生のいる参道には座らせてもらえなかった。

「出張（でば）りでたたけ。」と言われた。参道に入る前の数メートル手前、小さな祠が一つだけあるところだ。

「出張り」。何のことか分からなかったが、上の者に言われた以上、そこでたたくしかなかった。参詣者は次々と来たが、参道の手前で鳴いているカラスに振り向く人はいない。空しく悔しかった。

大きくなってから分かったことであるが、「出張り」とは、「出張」のこと。言ってみれば、出張所、支所のことである。

ずっと、なぜかと思ってきたが、もしかしたら、自分の住んでいる場所に訳があったのかもしれない。自宅は、八幡社の近くでもなく秋葉二社の近くでもない。いずれも社のある本丸から離れているから、外様である。

一人で「カアカア」と鳴いていると、時には、そんな自分に目を向けてお白餅をくれる人がいる。そんな時は嬉しくて、参道に向かっていく背中に、ことさら大きな声で鳴いた。

「かあか」は、子供たちの手による自治活動である。参詣人が絶えると、大将がお白餅を集めて、カラスの年齢やその日の功績に応じて分配して終わる。

ただ、大将と副大将が不仲のときには、副大将がお白餅を大将に渡す途中で「コナカ」を取ることもある。「コナカ」を取るとは、途中でお白餅の幾分かを別の所に隠して内密にもらってしまうというものだ。

そこには、良くも悪くも、今は失われつつある「縦の集団」があった。

## 射場跡で遊ぶ

小川　悟（小中山町・昭和29年生）

子供たちが遊びに集まる所は、「六階建」と「コウチョサン」に決まっていた。

「六階建」は戦争遺跡で、正式名は陸軍技術研究所伊良湖試験場（通称伊良湖射場）気象塔。大砲の性能をテストしていたところである。当時から人目を引く存在だったので、集合場所としては好都合の建物だった。

当時の子供たちにとって、六階から見える空間は、あまり経験できないようなものだった。最上階に上って見える景色は、それだけでおもしろい。足元にあるコンクリートのかけらを手に取って投げてみる。一緒に上ってきた者もおもしろがって一緒に投げる。下に誰がいようとおかまいなしだ。ひとしきり遊んだあと、下に向かう。

六階建の傍に、通称「二階建」という建物がある。正式名は無線電信所。六階建と二階建には、どちらの建物にも、以前は鮮やかな色だったことを思わせるような壁画があった。

子どもたちが注目していたのは、外国人女性が裸体で体を横たえている絵である。ところどころ、コンクリートがはげ落ちていたので、鮮やかな線や色はなくなっていたが、全体像ははっきりと分かった。

その絵の中には、コンクリートが自然に崩落したとは思えない部分もあった。女性の上半身の部分２か所と、下半身の部分１か所が、必要以上に削られている。子供たちは誰ともなしに、足元のコンクリートの塊を手に持ち、交代交代でその部分をつついて遊んだ。

大人の話では、その絵は、戦後進駐軍が入って来たときに、アメリカ軍の兵士がどこかの絵描きに描かせたのではないかと言う。いずれにしても、六階建で遊ぶときは、その部分をつつきながら、みんなが来るのを待った。

「コウチョサン」へ行くのは、三角ベースをするときである。射場の西側にあった官舎の跡地あたりをそう呼んでいた。すでに官舎はなくなっており、一帯が砂地だったので、三角ベースをするにはうってつけの場所だった。それにしても、なぜ「コウチョサン」と言っていたのだろうか。大人から聞いた言葉をまねして言っていただけかもしれないし、「公署」の聞き間違いかもしれない。ただ、子供たちにとっては、「コウチョサン」で良かった。

誰が持ってきたか、トランジスタラジオが中京商業高（現中京大中京高）の決勝戦の模様を伝えていた。

## 共同洗濯場からのおくりもの

伊藤みさ枝（小中山町・昭和29年生）

校区は地下水が豊富で、飲み水用、洗濯用、農業用と幅広く活用していた。そのため、共同洗濯場は数か所あり、女性や子供が洗いに行っていた。

女性たちは、洗いながら農作業の進捗状況や世間話など、その時々の話題に花を咲かせていた。女性にとって洗濯場は、誰もが自由に参加できる唯一の寄り合い的な場所であり、貴重な情報収集の場所だったと母は振り返る。中には伊良湖から来る人もいて、話の内容が新鮮だったようだ。言うまでもなく、心の洗濯ができていたのだと思う。

固形石鹸が不足すると、貸してくれたり分けてくれたり、石鹸が集まってくる。また、洗い終わった物を運ぶ際は、手を貸してくれる「お互い様」の言葉が似合う場所であった。

子供たちは、小物を洗ったり洗い終わった物を運んだりと、小さな労働力となっていた。そのため、子供とはいえ、共同洗濯場の使い方を教える必要があった。

虫捕りに夢中で、上流から走りこんで行こうものなら、親はもちろん、地域の人たちからも、こっぴどく叱られた。入水時や移動時は、ゆっくり歩かないと、アオミドロが洗濯物につくからである。他にもある。汚れの酷い物を洗う際は、まず、いちばん下流で汚れを落とす、その後、洗い台へ移動。すすぎは上流で行えるが、先にすすいでいる人がいたら、その人の下流ですすぐ。「相手を先に自分は後」が当たり前の空間であった。公用の場としてのルールを教えてくれたように思う。

発見もあった。利き手の反対の甲は、洗濯板の代わりと教わった時は、目が丸くなった。子供では大きな物は洗えないと決めつけていたが、違った。カゴに毛布を入れて足で踏み踏みすると、汚れが簡単に落ちていく。難しい事でも工夫次第で何とかなる！生き方を教わった気がした。物は豊かではないが、より良い暮らしを求め、工夫しながら懸命に生きていた女性たちの姿を思い出す。

共同洗濯場があったお陰で、人との交流が深まり、女性たちが救われた。さらに子供たちは人生における道標をも教わった。長年にわたる洗濯場からのおくりものは数知れず。

今や、お金を出せばコインランドリーで毛布も手軽に洗える。どの家庭にも洗濯機があり、ボタン一つ押せば、洗濯が短時間に終わる時代。だが、心の洗濯は共同洗濯場に敵わない。

## 賑やかで華やかな町「福江」

天野　明子（福江町・昭和20年生）

「福江よい町港が招く、月の光に歌って踊りゃ、汐の香りが肌に染む・・」。これは福江音頭の一節。歌詞に表現されているように、福江の町は港町だった。以前は海上交通が主で、福江港を利用して物資の流通や人の往来が盛んに行われていた。

私が子供の頃の福江の町も、この港町の延長線上で発展していた。活力があり、人も町も前を向いて全力で動いていた。福江橋を中心に東西に商店がぎっしり建っていた。肉屋、青果屋、時計屋、農機具屋、薬屋、菓子屋、味噌醤油屋、呉服屋、雑貨屋、自転車屋、豆腐屋、金物屋、床屋等、何十軒もの商店が数百メートルにわたり連なっていた。銀行・病院・郵便局・バス乗り場等、公の施設も集まっていた。生活必需品は、ここに来れば全て整えることができた。鍋に火を掛けてから、足りない味噌を買いに行っても間に合うような生活が展開されていた。便利だった。隣町からも多くの人が買い物、遊び、飲食、その他諸々の用事で足を運んでいた。街に人が途絶えることはなく、銀座通りと呼ぶ人もいた。

この銀座通りから一本路地に入ると、そこは別世界。花柳界が存在していた。これも福江の町の一風景。旅館や置屋が並んでいた。芸子さんの三味線の音色が路地に鳴り響いていた。華やかな時間が流れる空間の一方で、この路地は子供の格好の遊び場でもあった。日が暮れるまでかくれんぼをして走り回った。

商店街の一角にプールがあった。宮川さんという方が土地を提供し、町が建設したプールと聞いている。まだどこの学校にもプールのない時代、夏休みになると、プールは子供で一杯だった。私も朝から夕方まで水着姿で過ごし、何回もプールに通った。

保育園の遊戯室でバレー教室が始まった。豊橋から笹野バレー教室の先生が指導に来た。遊戯室にレッスン用のバーが設置されていた。トウシューズという靴を初めて履いた。つま先立ち歩きは難しく、反復練習した。発表会では、化粧をして、スパンコールが光る衣装を着けて、衆楽館(映画館兼劇場)で披露した。

川を利用して盆踊りが計画された。川の真ん中に櫓を組み、舞台を作った。この舞台を中心に福江橋と観音橋の周囲を輪になって踊った。踊る人、見物する人で人の山ができた。町中の人が一堂に会して盛り上がった。

今の福江の町はまばらに家が建つ寂しい町になってしまった。車社会やスーパーの出現で個人商店は衰退した。人口減少が起き、古家は壊され更地化した。お年寄りが、「昔は近くに店があり、必要な時に必要な物が手に入り暮らし易かった。」と懐かしむ。

時代の流れに逆らうことはできないが、先輩達の前向きの姿勢、工夫、熱意、努力、時代を先取りする行動等、エネルギッシュな心意気は継承していきたい。

## 福江の街の中心地で

鈴木　吉春（福江町・昭和 29 年生）

### 伊勢湾台風の記憶

幼少期の記憶は、昭和 34 年9月の伊勢湾台風から始まる。昭和 30 年3月生まれの私は4歳だった。

生家の道向かいにあった東海銀行のカウンターに座っている。水はカウンターの上のぎりぎりまで来ている。４歳の記憶は正しいかどうかわからないが、これが一番の記憶だ。後で聞いたところ、当然、家は床上浸水。１ｍくらいは上がったのだろう。

生家は、旧渥美町福江下地（現田原市福江町下地）にある。下地は、その名の通り低い土地になる。江戸時代には陣屋があった東南側の上紺屋という地区からは急な坂を下ってくることになる。西側にある原東地区からも橋を渡って、一段下がる感じの地域である。免々田川の河口に広がる福江湾に面し、海抜でいえば0.5mくらいだろうか。大水が出れば水に浸かる土地である。

### 河岸で遊んだ記憶

伊勢湾台風の後、堤防ができた（のだろう。記憶はない）。３ｍほどの垂直堤防である。小学生の高学年の頃は、その堤防の上でよく遊んだ。堤防の途中に１ｍくらいの幅で横に木が積まれた門のようなものがあった。いつも閉じられていたので用途は不明だが、そこに両手両足を入れ、突っ張りながらクモのようにして上がっていく。それしか堤防に上がる手立てはなかった。

河岸は「かし」と呼ばれていた。その内側の土は、泥団子を作るのにちょうどよかった。丸めて、何度もこすっているとぴかぴかになる。最後は、それを堤防に投げつけて、どれだけ壁に土が残るかという勝負だった。だんだん高さを上げ、上から落として割れない方が勝ちという遊びもやっていた。しっかり固めていれば、ある程度の高さから落としても割れなかった。

堤防は東に 300mほど行くといったん切れる。河岸の外側は免々田川の河口である。福江湾と直結しているので、潮の満ち引きに影響を受け、潮が引いたときは釣り餌となるゴカイやジャムシを掘るのにちょうどよかった。

### 街の中心地

家の目の前の通りは、かつてはバスが通る目抜き通りであったらしい。北東の奥に福江湾があることで栄えていたのだ。まだ伊良湖港がなく海上交通による人や物の交易が盛んで、原西地区までつながる通りには宿屋がいくつもあった。角宗・井筒萬・角上旅館・小川屋旅館など。井筒萬は、現在、井筒楼となっているが、この地区では最も格の高い旅館であった。角上旅館（現角上楼）は、公園を挟んで家のすぐ南側にあり、遊び場だった。一角に遊郭があったことはかなり後に聞いた。

牛乳屋（アイスクリームも）・眼鏡屋・八百屋・肉屋・文房具屋・衣料品屋・金物屋・薬屋・呉服屋・パン屋・おもちゃ屋・酒屋・電気屋・燃料屋・靴屋・床屋・自転車屋・魚屋・下駄屋・化粧品屋・鰻屋・病院・郵便局・銀行・建具屋・煙草屋・本屋・パーマ屋・駄菓子屋・洋食屋・映画館・写真屋・豆腐屋・ミシン屋・布団屋・芸子さんの置屋も。プールもあった。３分歩けば、ほとんどのものを買うことができるところだった。

お祭り小僧で、いつも山車の先頭で綱を引っ張っていた。小学生の頃のやんちゃな自分を想い出す。

福江・下地商店街
昭和30年代後半
田原市博物館提供

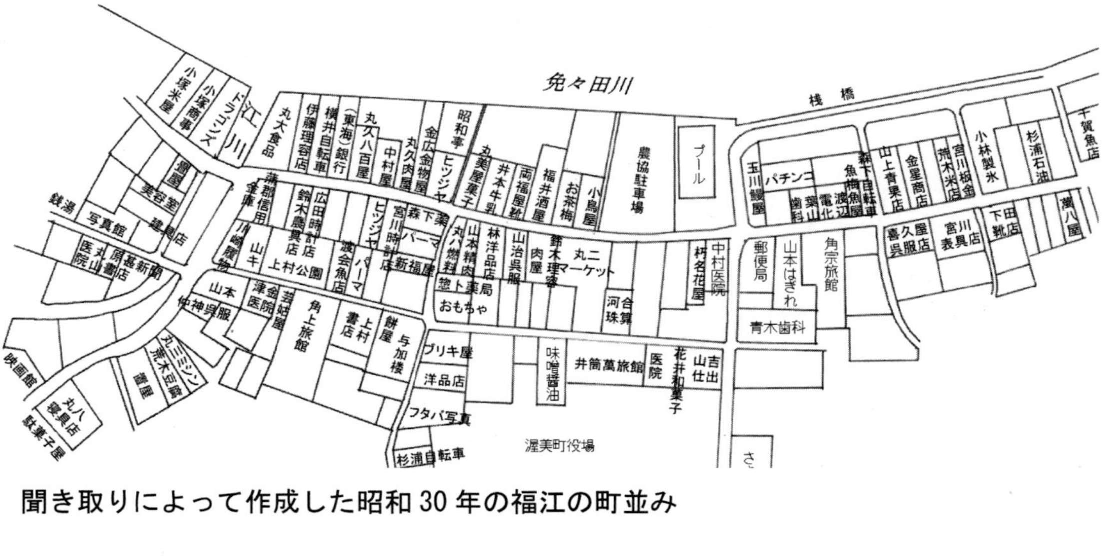


聞き取りによって作成した昭和30年の福江の町並み

## 幼い頃を思い起こして

山田　敦子（高木町・昭和29年生）

南に山、北に渥美湾が間近に迫った所で生まれ育った。家の前は国道だったが、舗装されていなかった。車が通れば土埃が立ち、雨が降れば水がたまり、その水を車が勢いよく跳ね飛ばしていた。雨傘をさす時も降ってくる雨だけでなく、車が跳ね上げる泥水を避けるために傘を横にしなくてはならず、大変な動きだった。

この道には時々変わった重機がやって来た。ブルドーザーのような形をしているが、シャベルは浅く幅広の物が付いていた。その重機が通り過ぎると、道の凹凸が一瞬にして整地される。子どもながら重機の威力に驚き見入った。しかし、他の道には入らないため、タイヤの通る所は低く、中央は土が盛り上がり草が生え、平らな道は何処にもなかった。

生活は半農半漁で、ほぼ自給自足だった。山の斜面の棚田で稲作をし、畑ではたばこ、サトウキビ、大根を作っていた。海では竹を打って網を張り、青海苔を養殖していた。

山麓には、部落が使用する耕作用のため池が２つあった。そのため、水に困ることはなかった。しかし、水を使うには手順があり、なかなか面倒だった。まず、ため池の水門を開けに行き、水路に水を流す。畑の横で水路を塞き止め、溜まった水を機械で吸い上げて畑に散水する。散水が終われば、ため池の水門を閉めに行く。他の人が使っていることもあるため、思うときに散水することはできず、一日がかりの仕事だった。

我が家の田は、幸いな事に家の山の斜面にあったため、山からの湧き水が常に田を潤していた。急斜面に作られた古い棚田で、小さな田が幾つもあった。

どこの家も農耕用の黒牛を飼っていた。畑に行く時は、牛車に家族みんなが乗って出かけた。牛は父の手綱さばきで動き出したり止まったり、曲がったりする。しかし、突然、手綱の指示通り動かなくなることがある。道の真ん中であろうと関係なく動かなくなる。そんな時は牛が動き出すのをじっと待つしかないという。待つこと数分、しっぽを背中に振りあげ、しばらくすると大きなうんちをぼとりと落とした。その後は何もなかったかのように動き出した。道の真ん中で止まり、うんちを落としたまま動き出すなんて、現代では考えられないことだが、それが常だった。とにかく牛のペースに合わせて動くしかなかったようだ。畑に着くと牛車から離され、耕作道具の鋤を付けられて畑に入る。父が鋤に足を乗せて、手綱で牛の胴を叩くと動き出し、土がくるくるっと裏返り畑が掘り起こされていった。のどかな情景があった。しかし、こんな情景はあっという間に過ぎ去り、牛の代わりに耕耘機がやってきた。耕耘機は牛と同じ事をするのだが、人の指示通りに動き、速度のコントロールも自在でパワーもあったことから、農耕作全てがパワーアップしていった。

田植えは地類が集まり一日がかりで行っていた。男の人はあぜ道を整え、水を抜き、木枠で苗を植える線を田の中に引いた。女の人は線を消さぬように入り、一度に４本の線上に苗を植えていた。子供はひと握りに束ねられた苗を持って、植えている人が困らないように苗を配り総出で取り組んだ。昼食時は、田んぼ近くの草むらに茣蓙（ござ）を敷き、おひついっぱいの白飯と味の付いた缶詰と漬物が並んだ。大した物ではなかったが、青空の下、みんなで食べたご飯がとても美味しかったこと。食後に寝ころび空を眺めての昼休みは最高だった。

家でお米を作っているにも関わらず、なぜか日常のご飯は麦が混ざっていた。理由を聞いたことはなかったが、白飯を食べるのは、特別の日だけだった。

夏の終わりになると、サトウキビを牛車いっぱいに載せて部落の出荷場に持って行った。サトウキビ（あまじと言っていた）は、トウモロコシのように立ち、穂先に実の付くもので、沖縄で作っている物とは違った。部落にはサトウキビから黒砂糖を作る所があった。サトウキビを挟んで潰す機械を牛が動かし、その汁を大きな窯に溜めて煮詰め、黒砂糖を作っていた。出荷した家には黒砂糖が少し分けて貰えたが、私は黒砂糖よりもサトウキビが好きだった。

冬になると自家製の味噌づくりの日があった。大量の大豆を蒸し、それを臼で潰し丸めた。丸めた玉を藁縄に10個ほど付けると、それを天井にぶら下げた。丸い玉に菌が付くと天井から降ろされ、玉だけ樽に入れ、その上に重石が積まれた。この味噌の匂いは独特で、好きなものではなかった。

魚貝類は渥美湾で捕っていた。３枚の網を張ったり、竹の筒を沈めたりして、魚やウナギを捕った。夏には夜ぼりをしてワタリガニをついて捕った。冬にはアサリを採り、カキやナマコを拾い食した。

畑では季節の野菜を作り、ヤギや鶏も飼っていたため、ヤギの乳を飲んだり卵も食べたりした。肉やお菓子こそ食べる機会は少なかったが、おやつになるヤマモモやビワ、スイカやサトウキビ、アケビや柿、ミカンなどがあり、十分に満たされていた。ところが、小学校に入ると、栄養補助食品と言われて、勾玉のような形をしたゼリーのような物を学校で渡され食べた覚えがある。

夏は蛍を捕まえ蚊帳の中に放し、蚊帳の中をふぁふぁと飛ぶ蛍を見るのが、子供ながらに楽しみだった。

冬は海苔に混ざって獲れるタツノオトシゴに会えるのが楽しみだった。初めは、その容姿から恐る恐る眺めたが、コップの中で尻尾を丸めたり伸ばしたりして浮き沈みする姿を見ているうちに、その姿が愛らしく、海苔の季節が楽しみだった。

小学校に入った頃に国道が舗装されると、二輪車に乗る人が増え、自動三輪トラックを買う人も出始めた。タイヤは前に１つ、後ろに２つ、ハンドルは自転車のような形をしていた。助手席に乗せてもらい畑まで行ったが、耕耘機とは別物の乗り心地で、あっという間に畑に着いてしまった。

## 子供のころの思い出

山本　茂子（村松町・昭和 24 年生）

そっと目を閉じて、遠い遠い昔の子供のころへ思いをはせてみると、何が思い出されるのだろうか…？　田舎生まれの私には、自然には恵まれていたが、情報に乏しく物もない時代であったことが思い出される。思い出されることを一つ一つひも解いてみたい。

### 給食について

小学校の中学年ころまで、家から給食室へ野菜を持参した。白菜やキャベツは重く、小柄だった私は引きずるようにして、遠い道のりを小学校まで運んだものである。給食室で野菜の煮物や汁ものにしてくれたが、味までは覚えていない。

小学校５年生の時から脱脂粉乳が支給されるようになったが、味が悪く残す人もいた。

当時の強烈な思い出の一つは、小さなチーズが付いた時のことである。配膳をしていた一人が、「先生、先生。今日の給食に石鹸が付いている。」と言った。一般の家庭ではチーズをあまり口にする時代ではなかったからである。先生が「これはチーズと言って、牛乳を固めた物だよ。」と教えてくれた。私はたまたま馬伏にあった生乳工場経由で雪印のバターやチーズを食べたことがあったので、給食のチーズはばさばさしていて味わい深いものではなかったと記憶している。

中学校時代は弁当持参。今の時代のカラフル弁当からは全く想像もつかないような粗末なものだった。日の丸弁当、ふりかけ弁当、佃煮弁当、海苔弁当が多く、卵焼きや煮物などが入った弁当を持参する人は少なかった。 正月明けは焼いた餅を弁当箱に詰めてくる人もいたが、食べるときは固くなっていた。冬場は保温してくれたので、それは嬉しかったが、おかずの匂いが他の人の弁当に付くということもあった。私が在籍していたころは、学校の近くの江此間と伊川津の人は、家に昼食を食べに行っていた。羨ましいと思った。

中学校３年間は、瓶に入った牛乳が支給され、授業後に飲んだ。今では考えられない給食の状況であった。

### 学校生活（小学校低学年のころ）

雨の日は傘をさし長靴で通学する人は少なかった。ゴザで作ったミノや番傘に千日草履（ぞうり）、裸足で通学する人もいた。貸し出し用の傘は番傘ばかりで重かった。先生が穴が開いていないかをチェックして貸してくれた。

服装は膝小僧やお尻にはあて布をして着ることは普通。靴下は直ぐに破れ、つま先やかかとはあて布ばかり、足袋を履いている人もいた。冬場は防寒のため、ハンテンやハンコ（ちゃんちゃんこ）を着て来る人もいた。３年生になった時、オーバーコートを買ってもらい、回りからも羨ましがられたことを覚えている。

物がなく、母親が毎晩のように破れた洋服や靴下を縫っていたような気がする。

新しい服はお正月やお盆に買ってもらうくらいで、兄弟姉妹のおさがりや親戚や知り合いからのもらい物などを工夫して着ていた。本当に物がなかった時代であった。高学年になり服装も変わった。残念ながら勉強についての記憶はあまりない。プールがなくて海で水泳訓練をしたこと、５年生の時に道徳の授業内容が変わったのではないかと記憶している。

### 遊び

石けり、缶蹴り、鬼ごっこ、お手玉、カルタ取り、竹馬、竹とんぼ、凧揚げ、人形遊び、ままごと、基地つくり、魚とり…と思い出される。近所の子と外で遊ぶことが多かった。けんかもあった。仲間はぶけもあったが、群れて遊ぶ中で、上下関係の位置取りやつながり方、相手への思いやりなど、遊びを通して社会生活の基本のことを身に付けたような気がする。

### 思い出のひとコマあれこれ

黒砂糖作りが行われており、共同作業場でサトウキビを絞り、大釜でぐつぐつ煮詰めて黒砂糖を作っていた。甘い匂いが周りに漂い、思わずその場に引き寄せられたことを覚えている。黒砂糖を取り出した後の鍋にこびりついた砂糖をなめさせてもらった時には、子供心に幸福感を感じた。しかし家で食べた記憶はない。できあがった砂糖はみんな売ってしまっていたそうである。

昭和34年９月26日の伊勢湾台風では、我が家の屋根瓦は飛び、南側の窓もこわれて壊滅的な被害を受けた。翌日、学校に行くと、「伊川津あたりで養殖しているウナギが増水のため県道（現国道259号）を泳いでいたから捕まえた。」という話を聞いてびっくりした。学校に届いた岩手県からのお見舞いの手紙に返事を書いたのが縁で、今も年賀状のやり取りが続いている。

小さい頃には、魚、醤油、リンゴなどを行商の人が売りに来た。米と交換することがあった。

祖母は着物を洗濯する時、飯粒を汚れた所にこすり付けたり、灰汁で洗ったりしていた。川で洗濯物を石の上に広げ、たたいたり踏んだりして洗っていた人もいた。中学年のころ家に洗濯機が入り、ハンドル式の絞り機で面白半分に水分を取ったことを覚えている。

田舎だったので、映画館がなく、公民館の壁に幕を張り映画を見た。テレビが普及してくると、いつの間にか公民館での上映もなくなった。

昭和30年泉中学校
卒業アルバムより

## 故郷「石神と石神観音」

伊藤　尋思（石神町・昭和 25 年生）

1950年生まれの私が育ったのは、渥美町大字石神（現・田原市石神町）である。「石神」という地名の由来は、地内に鎮座する雨乞神社の神体が石剣であることによる。また、鸚鵡（おうむ）石なる巨石があることによるとする説もある。1601年（慶長６年）以来幕府領であった。1782年（天明２年）からは旗本本多帯刀領となり明治に及んだ。その後、合併で泉村大字石神（1889年）となり、1955年に渥美町大字石神となった。昭和30年代の石神の世帯数は、およそ100世帯で470人前後の人口であったと思われる。

小規模な村石神であったが、当時私の同級生は15名（男７名、女８名）もいた。皆で、田舎道を毎日30分もかけて小学校まで通った。学校から帰るとすぐにバットとグローブを持って、石神観音（慈眼寺）近くの広場に集まり遊んだものだ。小・中学校時代には、プロ野球で巨人に入団した長嶋茂雄の活躍に憧れ、横綱大鵬の６場所連続優勝の偉業に雄心を抱いたものである。さらに、オリンピック東京大会の開催（昭和39年）は、私たちの遊びはもとよりその後の人生にも影響を及ぼす出来事であった。この時代背景は、団塊世代の多くの先輩や仲間に揉まれた私たちに、逞しい精神力を培うための環境をつくりだしてくれた。

私たちが遊んだ石神広場は、慈眼寺・石神観音の裏山の麓である千手観世音菩薩霊場入口付近にある。この寺は、寛文11年（1671年）開山で「石神観音」と呼ばれている祈祷の寺である。参道入口から裏山を登って行くと、文殊菩薩堂、緑の役者、弘法大師立像を経て、観音堂へ行くことができる。奥郡七観音（渥美七観音）の一つである石神観音が祀られている。

石神観音の縁日には、観音堂まで登る参道に提灯がいくつも灯り、他地域からの参拝者も多く訪れていた。屋台や露天店、青年団や婦人会の出店も並び、参拝客の人々で賑わっていた。親に小遣いをせびり、リンゴ飴を食べたり、金魚すくいなどをしたりした。この場所での非日常的な体験は、子供ながらにも物流や人流などを学ぶことができた、懐かしく楽しい思い出でもある。

いくつもの時代を重ね、今日に息吹いている故郷「石神」。かけがえのない故郷、こよなく愛おしいわが故郷である。

参考文献；

・「角川日本地名大辞典 23　愛知県」
　角川書店　1989 年
・「日本歴史地名大系 23　愛知県の地名」
　平凡社　1981 年

写真；亡父伊藤勝治撮影（昭和 38 年）

## 夏休みの海での遊び

石川　祐子（和地町・昭和 29 年生）

土田のほうべから急なけもの道を下りると、砂浜「テンノウノオリ（テンジンノウリ）」がある。そこから和地との境「タカスナ」の砂浜まで、ゴツゴツした岩と岩が重なり合う磯が続く。テンノウノオリは、その岩群と岩群の間に広がる砂浜だ。祖父・父や男衆は、ここからベカ（小舟）を出し漁に出ていたと聞いた。

豊川用水が通ると、生活は農業が主となって、漁には出なくなり、浜けは静かになった。しかし、夏休みの海は違った。

テンノウノオリで海水浴をする小中学生で賑やかだった。子供が海で泳げば、大人も集まる。監視役は岩に上る。中学生と一緒に泳ぐ人、釣りをする人、銛（もり）で魚を捕る人、素潜りをする人、牡蠣を採る人、岩場の日陰で昼寝をする人…等々。牡蠣を採ってその場で殻を割り、身を海水でささっと洗い「ほれ、食べろ。」とくれた。口の中に入れると、牡蠣はつるんと喉を通る。ほし（貝柱）も大好きだった。波に乗り、波にもぐり、波打ち際で遊んだ。なるたけ顔を海に入れない蛙泳ぎや犬かき泳ぎで泳いだ。

少し波が荒いとテンノウノオリでの遊泳は禁止となり、少し東にある大きな岩に囲まれた「オオドンボチ」で小学生は泳いだ。もう少し東に行くと、小さな岩に囲まれた池のような「コドンボチ」があり、岩にくっついた貝や海藻を採った。岩場では、かくれんぼや陣取り・おままごとをした。おままごとの皿は砂浜で拾った貝殻、具は黄色のちみぎり草やピンクの浜なでしこ等、浜の草花を摘んで遊んだ。

盆が近づくと「盆鮫が来る」と言われ、それ以後は泳ぐことがなかった。盆後は、海坊主が来て生（しょう）を抜かれるとか、連れ去られると言われ、海には近づかなかった。晩夏の海は恐れられていた。

学校にプールはなかった時代、夏休みの楽しみは海で泳ぐことだった。今日は泳げるかどうか、海を眺めにほうべに立った。

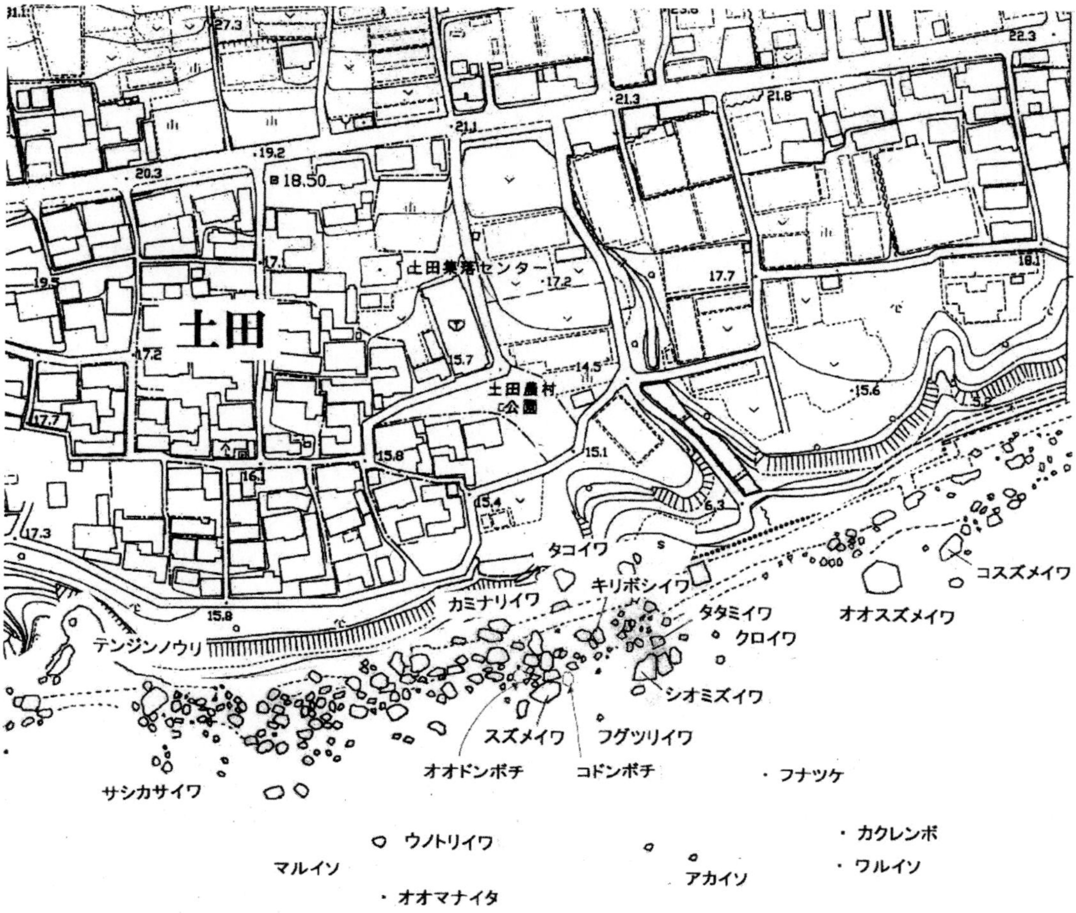


**土田海岸の岩礁名**

**（和地町土田の青山貞一氏から聴取）**

○**子スズメ岩・大スズメ岩**…岩の窪みを利用してスズメが巣作りをしていたことからスズメ岩と呼ばれるようになった。今ではそのようなスズメは見られない。大スズメ岩は昭和 30 年初め頃まで、砂浜で繋がっていて岩にも登ることができ、秋葉神社の神事 12 月 16 日には餅投げをやっていた。

○**畳岩**…畳を重ねた形をしているので名付けられた。

○**塩水岩**…岩の上に窪みがあり、いつも塩水が溜まっていたことから名付けられた。以前は溜まっている塩水を利用して、野菜を洗ったり揉み菜をしたりしていた。現在では砂浜がなくなり、岩の上に上がることができなくなった。

○**鵜のとり岩**…鵜がよく止まるので、昭和 20 年頃までモチを使って鵜を捕まえ、鵜飼い用に送っていた。

○**切り干し岩**…戦時中、芋切り干しが盛んに作られていた頃、この岩の上に干したことから名前が残っている。

○**凧岩**…この岩の上で凧揚げをした所から付いた。

## 磯の恵み

**石川　祐子（和地町・昭和29年生）**

土田の海岸は、表浜特有の崖である。その崖の上、ほうべからの視界は太平洋の大海原。そのほうべは、海を見に誰ともなしに村人が集まるちょっとした社交場だった。

元旦には、東の水平線から昇る初日の出を拝みに、人々がほうべに集まる。太陽が水平線に出ると、一斉に拍手が上がり、互いに新年のあいさつをした。東から西にゆっくり視線を巡らすと、神島がはっきり見え、遠くには志摩半島が望めた。

磯がにぎやかになるのは、岩海苔が採れる冬。おばあさんたちの仕事だった。岩に付いた海苔をこそぎ取る。家で下処理をした海苔を四角の型に入れて、岩の上で天日干しした。岩海苔はごわごわしてこわかったが、みそ汁に入れると磯の香りがして美味しかった。

春にはワカメやアラメが採れた。ワカメは村の財産、採る順番が決まっていた。３月上旬に婦人会が採り、次に瀬古の男衆が採った。その後一般に開放された。採れたワカメはテンノウノオリの砂浜で天日干しされ、回収され売られた。子供たちは砂浜に残る小さなワカメをかき集めて拾い、家に持ち帰った。アラメもたくさん採れたが、ワカメほど貴重ではなく、そこら辺に放かられていた。アラメは落花生と煮たり、正月料理のハゼの荒巻にしたりして食べた。

夏は、海水浴や磯遊び、砂遊びで賑やかだった。子どもが海に来れば、自ずと大人が集まる。磯の恵みは、ヒジキ、牡蠣、いのかい…、潮だまりの貝が採れた。岩牡蠣は大きかった。岩と岩の間の魚は銛で突いた。

晩秋には、ほうべから下りた大きな岩にきんこ（干し芋）を干した。祖母は、「岩の上に干すとよく乾くし、塩気がのってうまい」と言った。

土田の祭りは春と夏。神明社で餅まきがあった。餅まきは海でもあった。12月半ば御神事様があり、村の一番東の砂浜の大きな岩（オオスズメイワ）から餅まきがあった。大勢の村人が砂浜に集まり餅を拾った。海は、生活の糧であり、村の守り神だった。

一年中、岩場に釣り人がいた。鯛釣り岩（タイツリイワ）から竿をたらす。釣れるかどうか、どの岩場がいいか等の見極めも、海を見下ろすほうべからした。しかし、いつしか村人は海に行かなくなった。静かな浜けになり、ほうべは木々や笹で覆われ姿を消した。

## 汽車ポッポで

石川祐子（和地町・昭和 29 年生）

和地には２つの寺が並んである。小さい頃、２つのお寺を「おっきい寺」と「ちっちゃい寺」と呼んでいた。そのちっちゃい寺「医福寺」に和地保育園があった。保育園と言っていたが、まだ認可されていない託児所だった。

おそろいの園服、肩掛けかばんにハンカチを肩からぶら下げて支度ＯＫ。

土田からお寺までは約２㎞。集合場所は土田集落の西の端。そこから舗装されていない原の農道が始まる。近くにはサトウキビを煮詰め、黒砂糖を作る小屋があった。リヤカーが通るくらいの輪だちのある道を歩く。先頭はいつもリキサのおばさん、最後尾は保護者が付き添ってくれた。縄の輪に子供たちが入り、縄を握り、毎日汽車ポッポで歩いて通った。シュポシュポと歩くと、鮎川橋の所で県道（現国道 42 号）に出た。やっと半分、まだまだシュポシュポで歩いた。

お寺に着くと、かばんを決められた場所に置き、滑り台やブランコをめがけて外へ走った。木々に囲まれた境内には、大きな木が何本もあった。木登り、蝉捕り、虫捕り、陣取り、石けり、鬼ごっこ、だるまさんが転んだ、地面でお絵描き、おままごと、お花摘み等々、自分たちの好きな遊びをした。冬になると、各自のお弁当を園長先生（ご住職）の家の掘りごたつの中に入れて温めてもらった。お昼寝は本堂に布団を敷いて寝た。いつも仏様に見守られていた。

ある日、天気が急変し、空は真っ黒い雲に覆われ雨が強く降りだした。ぴかっ、ぴかっと稲妻が光り、ゴロゴロ・ゴロゴロ、ドカーンと音がした。「キャー」「こわい」悲鳴と泣き声が渦巻く。悪さをしたら仏様が怒って雷を落とすと信じていた。雷が鳴ると仏様が怖かった。雨の日は、リキサのおばさんと一緒に豊鉄バスに乗って通った。

遠足が楽しみだった。豊橋市美術博物館の場所にあった豊橋動物園や三谷の弘法大師・竹島に行った。三谷は下から頂上までロープウェイで上がる。初めての宙に浮く乗り物に驚いた。

昭和 37 年になって和地保育園は認可され、和地小学校西側に開園。そののち手狭になり小学校の東側に移転した。平成 19 年４月、表浜の和地・小塩津・堀切・伊良湖は統合され、伊良湖岬保育園が開園された。

## 豊饒の海に集う

河合　京子（和地町・昭和 29 年生）

３月、ワカメの役採りの日。村中の人がそわそわ動いている。ウェットスーツを着た男達はベカ（小舟）に乗って岩に付いたワカメをもぎ採る。波打ち際では、女達が砂浜に棒を立ててワカメを干す場所を陣取りながら、ベカが戻ってくるのを待つ。ワカメが届くと、砂浜に広げて乾かす。乾き具合を見て裏返し、天日と砂の熱で素早く乾燥させる。夕方近くに砂をかぶせて少ししんなりさせてから、砂をふるい落とし売りに出す。

夜は瀬古ごとに集まって、収量の報告を受け酒宴となる。ワカメを売ったお金は、瀬古運営の貴重な財源となっていた。

波にもまれて岩からはがれたワカメは浜辺に流れ着く。浜辺を歩いて寄りついたものを拾ったり、竹の棒の先に松の枝をくくりつけた竿で、波間に漂うワカメを拾ったりする人もたくさんいた。

私も子供の頃、ワカメ拾いが好きで、母と一緒に海に行ったものだ。役採りが終わると磯開きとなる。村人は自由にワカメ採りをすることができるようになる。ワカメは和地村の財産であった。

ほうべの丘にシロメ小屋があった。半農半漁の家が多く、仲間でシラス漁をしていた。父は小さなお櫃（ひつ）にご飯を詰めた朝飯を持って、まだ暗いうちに海に出ていた。「船が着くぞ。」という伝令が入ると急いで浜に行く。二艘曳きの船が網を引いており、波打ち際に船が着くと、砂浜にコロを敷き、船を陸上げする。男達はシラスをフゴに入れて、担いで砂浜を走る。フゴの中には、透明なシラスに混じって小さなイカやタコの姿もあった。丘の上の小屋では、ぐらぐら煮立った大釜がシラスの到着を待っている。獲れたてのシラスを大釜に入れて、手早く茹で上げる。茹でたシラスは、小屋の横の広場にゴザを広げて天日干しにした。

海辺では、子供たちがその様子を見ながら遊んでいる。干されたシラスを手にすくってほおばった。そのうまさと香りは極上であり、生涯忘れられない味の記憶として残っている。

夏の海は、子供たちの楽しみの場であった。近所の子と連れだって海へと出かけた。大人が交代で監視をする場所での海遊びは、連日の日課であった。波に乗って浮いたり、岩ガキを採ったりした。また男の子はモリで魚を突いたりするなど、いろいろな遊びを工夫したものだ。

冬は、里芋や生姜の保存や炭焼き、お年寄りのたき火等々、浜は恵みの場であり、集いの場でもあったのだ。

昭和 30 年代前半の和地海岸

田原市博物館提供

## 堀切海岸今昔物語

高瀬　長男（堀切町・昭和 25 年生）

東南海地震が起きて津波がくると、真っ先に水没してしまうと言われている海抜５ｍ地帯に住む自分にとって、一番心配なことは、今後果たして元気に避難場所まで走って逃げることができるかどうかである。堀切小学校跡地には命山ができ、幼いころ遊んだ海岸には防波堤が建設されつつある。

幼いころ、だだっ広いと思った砂浜は、子供たちの絶好の遊び場だった。６年生を筆頭に近所のガキ全員が一緒になって遊んだ。中将、大将という遊び。腰の前、横、後ろに印となるものを付けて行う鬼ごっこのような遊びだった。また田んぼの田の字を砂で作り、爆弾を隠して、相手が通過するとドカンと破裂するという遊びにも興じた。

当時はまだこの堀切町も半農半漁の名残があり、漁業会では煮干しが作られていた。「イワシが来たぞ。」と放送が入ると、年寄りから子供まで一斉に海岸に走った。大人に混じって子供たちも網を引き、時々網からはみ出たイワシは絶好の晩御飯のおかずとなった。

小学校の遠足も堀切海岸を利用することが多かった。低学年は白石まで、高学年は日出の石門までというコース設定だ。堀切西地区の者は東にある学校まで通学し、自宅近くの白石まで海岸を歩き、帰りはすぐ自宅というありさまだ。

白石といえば、貨物船天社丸の転覆座礁事故が昭和 33 年にあった。13 名のうち 12 名が亡くなったが、船底を切り裂いて１名だけが助かったというものだ。おまけにこの船は、翌年の伊勢湾台風で起き上がったのはすごい。この事故で多量のホンダのスーパーカブが流れ出した。子供心にもすごくかっこいいオートバイだなあと思ったものだった。その数年後から、堀切地区では自転車に代わり、スーパーカブが主流の乗り物となった。

小学校３年まで学校にプールがなかった。だから、泳ぐのは当然この海岸だった。もっとも泳ぐとはいっても間間（波打ち際）の辺で腰に浸かる程度。小塩津には泳ぎやすいところがあって、皆、海泳ぎができた。頭を上げたクロールのような泳ぎだ。プールができてからもその癖が抜けない奇妙な泳ぎをする者がいた。

伊良湖ビューホテルから見えるこの海岸は、西の恋路ヶ浜と並び、絶景を誇っている。しかし、この海岸を乗り越えて来る津波が江戸時代から何回も押し寄せ、逃げ遅れた人たちが犠牲となった記録が残されている。小学校は統合され、小塩津地区の高台に立派な校舎ができた。

さて年寄りは何処へ逃げようか？行先は決まっている。あとは健脚が維持できるかどうかだ。

（鈴木政一氏撮影）

## 伊良湖の風景と思い出

小久保健一（伊良湖町・昭和 25 年生）

日中の田植えの手伝いは辛かった。現在の田植えは機械であるが、当時は手作業であった。力仕事ではないが、長時間の前かがみの作業はきつくて嫌な思い出である。

（鈴木政一氏撮影）

現在はキャベツ作りが中心であるが、当時は葉たばこの栽培が盛んであった。70 cmほどに生長した葉を収穫し、乾燥庫へ運び入れる仕事は重労働であった。

秋は稲刈りである。黄金色に実った稲穂を刈り取る作業は手作業で手間がかかったが、子供心にも収穫の喜びと充実感があった。

冬の風物詩である大根のはざかけは半島の先端の至る所で見られた。はざかけは、漬物用大根（沢庵）を乾燥させるためのものである。

（田原市博物館提供）

### 日出の石門の賑わい

今でこそ、恋路ヶ浜や伊良湖岬灯台付近が伊良湖岬の観光スポットであるが、当時は日出の石門周辺が中心であった。自家用車が少なくて、観光バスを利用する人が多かった。私が小学生の頃は、学校行事として毎週月曜日の午後、熊手を持ってゴミ掃除に出かけた。印象に残る良き思い出である。

昭和 50 年代前半の石門下駐車場

（田原市博物館提供）

### 渥美フラワーセンター

昭和 30 年代半ば、大型観光施設として、渥美フラワーセンターが開園した。現在の「菜の花フェスティバル」が開かれる場所である。30 年代から 40 年代まで大変賑わい、伊良湖岬を訪れる観光客の拠点となった。

### 牛車でのゴ売り

私が小学校へ上がる前の頃（昭和 31 年頃）であろう。ゴ（松の落葉）を牛車いっぱいに載せて、7 歳年上の従兄弟と福江の町へ運んだ。福江の旅館業者がゴを買ってくれたのである。今でもなぜか三角原を通っている風景と亀山付近の夕日を思い出す。懐かしい思い出である。

## 待ち遠しかった「おんぞさん」

小久保健一（伊良湖町・昭和 25 年生）

（田原市博物館提供）

伊良湖には他地区にある秋祭りがない。その代わり、他地区に誇れる「おんぞさん（御衣祭）」がある。現在は４月の第３日曜日と決まっているが、私が子供の頃は、旧暦の４月 14 日であった。そのため、「おんぞさん」当日が日曜日でない限り、学校があり登校しなければならなかった。だが、小学生では授業に集中できるはずがない。「早く授業が終わらないかな。」「『おんぞさん』の日ぐらい休みになればいいのに。」なんて思ったものである。

授業が終われば急いで帰り支度をし、集団下校をする。沢山の露店を恨めしく見ながら帰宅する。親から正月のお年玉より多い小遣いをもらって、神社へ向かう。すでに参道は人でいっぱい。友達の顔も人に埋もれて分からないほどである。何とか友達を見つけ、露店巡りをする。金魚すくい、輪投げ、おもちゃ、綿菓子、串団子、たこ焼き、かき氷等、沢山の露店が立ち並び、どの店に入るか迷うばかり。小遣いを使い切るまで好きな店に立ち寄る。私は輪投げコーナーが好きで、友達と競い合ったものである。神社の境内には行かず、参道を歩き回る。そんな子どもたちの姿が今も浮かんでくる。全く賽銭に貢献しなかった。その分、現在氏子総代として伊良湖神社発展のために尽くしている。

「おんぞさん」は、伊良湖地区の人だけで　なく、半島内から多くの参拝者が集まる。中山や福江方面の人から、「子どもの頃、牛車に乗って、『おんぞさん』に行ったよ。一日がかりだったね。」という思い出話をよく聞いた。伊良湖は半島の先端ということもあり、周囲の島々とのつながりが深かった。神島や篠島、日間賀島などからも多くの参拝者が集まった。

現在も昭和 30 年代と同様、大勢の参拝者で参道は一日中賑わう。

令和２年、「おんぞさん」が地域の祭りとなって以来、初めて中止になった。コロナウィルス感染防止という理由であったが、とても残念であった。翌年はコロナウィルス感染のリスクを負いながらも、多くの人たちの支援を受けて実施することができた。今後も地域の住民として維持していきたい「おんぞさん」である。

### ーおんぞまつり（御衣祭）の由来ー

伊良湖神社は、伊勢神宮の神御衣（かんみそ）神事のために織られた衣を供え、神事を執り行うために祭祀された神社であると伝えられている。おんぞ祭りはこの神事に由来するもので、祭事のみが行われる地域の祭りへと変化した。

## お わ り に

遊びに熱中する幼子の姿を目にするたびに、不思議と昔のことが思い浮かんできます。そういえば、昔は今とはずいぶん違っていました。物がなかったあの頃は、自然の中で遊びを見つけ、自分たちで遊び道具を工夫するしかありませんでした。過ぎし日を懐かしく思うと同時に、私たちは今の時代にはない大切な体験を積み重ねてきたのではないかと思います。

最近、目も耳も現役の頃とは明らかに違う変化を自覚しています。目まぐるしく日々変化する現代社会に埋もれてしまう前に、いくつもの時代の波を乗り越えてきた私たちの大切な記憶を書き留めておきたい。忘れてはならない生きた証を広く知ってもらいたい。今ならできる、今しかできない。体の奥深いところから湧き出してきました。

「温故知新」といわれます。本書が昔の様々な暮らしや生活ぶりを広く知るきっかけとなり、これからの時代をたくましく生きていく一助となることを願っています。

2022年8月

渥美半島の昭和を記す会 代表 三竹　清一

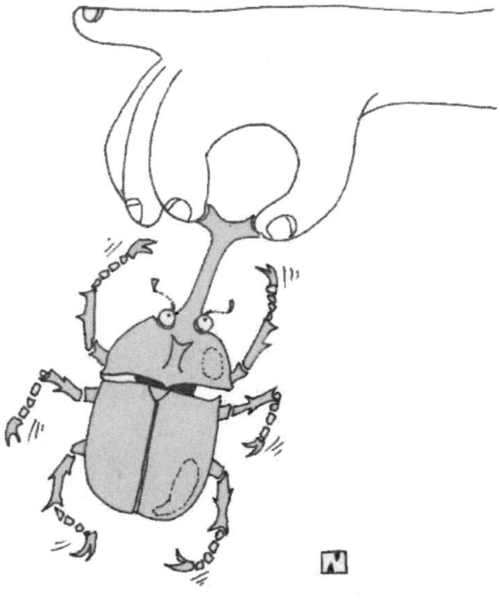

**渥美半島の昭和**
**－57 編の手記から蘇る 30 年代－**

令和4(2022)年8月8日　初版第1刷発行　　本体価格 800 円+税
　　　　　　　9月5日　　　第2刷発行
令和5(2023)年7月12日　　　第3刷発行
編　集　　渥美半島の昭和を記す会
　　　　　代表　小川　　悟
　　　　　　　　三竹　清一
　　　　　編集　藤城　信幸
発行者　　山本　真一
発行所　　シンプリブックス(株式会社シンプリ)
　　　　　〒442-0821　豊川市当古町西新井 23 番地の 3
　　　　　Tel. 0533-75-6301　Fax. 0533-75-6302
　　　　　https://www.sinpri.co.jp